倭という種族

品田知章
Shinada Tomoaki

風媒社

まえがき

日本民族が形成される過程を述べることは容易ではないが本書では、朝鮮半島と日本列島の海峡をまたいで形成された「倭」という種族が日本民族の形成にどのようにかかわったかを考察する。

日本人がどこから来たかというような議論もあるが、本書では縄文時代にすでに列島の南北にわたって縄文人というかなり均質な人種が分布していて、大陸や南方から流入した渡来人文化・風俗が西日本から東進し混じりあって弥生時代を経て日本民族が形成されたと考えており、その過程で「倭」という種族がかなりの役割を果たしていると考えられる。

筆者は技術者であって全く専門外のテーマであるが文献史学・考古学・民族学・言語学等々の先学の諸説を学ぶうちに、定説とかなり異なる認識を得たので諸氏に御批判いただくため本書を記述した。

定説と異なるといってもオリジナルな説は皆無に等しいであろう。必ずそれを主張した先学がいると思っている。しかし全体としてはかなり定説と異なっている。邪馬台国大和説をとる方や、『日本書紀』神功紀の半島進出を史実と見る人にとっては反発を覚える内容であるかも知れない。

なお、紀年について説明しておきたい。本書では基本的に西暦紀年で記すつもりであるが、『日本書紀』の四・五世紀については紀伝体も用いている。摂政元年を皇紀から西暦にかえると二〇一年になるはずのところを文献史学者は三二一年としており、それに従っている。神功皇后を魏志東夷伝の卑弥呼に見たてるため干支二運（一二〇年）ずらせば中国・半島の史書の示す紀年とほぼ紀年が合うからであろう。

したがって西暦紀年で示していてもどの程度正しいか不明である。六世紀以後はかなり正しいであろう。

目次

Ⅴ　四〜五世紀の日本列島　87

Ⅵ　六世紀　113

I 倭という種族

一　倭は種族の呼称

「倭」を百科事典で引くと和歌森太郎氏は、(1)
「古く中国人が西日本およびその日本人をさして呼んだ呼称」
関和彦氏は、(2)
「七世紀以前の中国・朝鮮での日本に対する呼称であるが冊封体制内で自称国号としても援用された」
直木孝次郎氏は、(3)
「古代の中国人が日本を呼んだ名称」
山尾幸久氏は、(4)
「七世紀以前の日本の呼び名」
と記している。一見して倭は日本列島という地域を指しているようであるが、直木氏は、日本人の身長が低いので倭と称したという説を紹介しているし、山尾幸久氏は別の資料(5)で次のように記している。

「倭人は中国人の命名による特定の種族名と思われる」

和歌森太郎氏以外が、倭は地域名、倭人は住民と区別したのは理解できるが、本書では倭人は列島の一部の住民と考え、その地域もほぼ北九州にとどまるとしているので倭は種族の呼称としたい。

また本書は朝鮮半島にも倭と呼ばれた住民がおり、しかも列島の倭人と同時に形成された同じ種族と見なしている。倭人は個人を指すこともあるので、集団としての倭人は「倭種」あるいは単に「倭」と記すことにする。

したがって日本列島や日本人全体を「倭」と呼称することはしないが、中国・朝鮮の書が「倭」と書いたものはそのまま引用せざるを得ない場合もある。

二　中国大陸の倭人

二世紀以前の中国の古文書に中国大陸の倭人が登場する。前三・四世紀の頃に書かれたといわれる中国最古の地理書「山海経《せんがいきょう》」に、

「蓋国在鉅燕南倭北倭属燕」

という難解な一文があり解釈には諸説あるのだが、最後の「倭属燕」は「倭は燕に属す」と読むのが定説となっている。当時の燕は渤海の沿岸である現在の河北省・遼寧省あたりにあった。すると倭が中国の北方にあったことになる。

一世紀には江南人である王充《おうじゅう》が書いたといわれる「論衡《ろんこう》」では同一内容の記事が三回登場し、

「周の時代に越裳《えつしょう》国が白雉《はくち》を献上し、倭人が暢草《ちょうそう》を献上した」

と記す。暢草は酒などに香りをつける薬草らしい。越は長江以南の東南沿岸であり、

倭人も越にいた種族であろうか。

『後漢書』鮮卑《せんぴ》伝によると、

「光和元年（一七八）、食糧不足のつづく鮮卑族のの指導者檀石槐《だんせきかい》が、遼河の支流に魚はいるが捕れる人がいないので、東の倭人国を撃って魚を捕ることにたけた倭人を得て、移住させ、魚を捕らせて糧食を助けた」

鮮卑は現在の内モンゴル地域の遊牧民であり、当時は勢いが強く遼河下流域の渤海の近くまで勢力を伸ばしており、倭人国は遼東半島のあたりとも考えられる。

史書ではないが二世紀に作られた字を刻んだ煉瓦（字磚《じせん》）に倭人が登場する。生前に会稽《かいけい》郡大守をつとめ、後に魏を建国した曹操に家系のつながる曹胤《そういん》のものと見られる墓が安徽省にあり、そこにあった字磚のひとつが、

「有倭人以時盟不」

と解読されている。森浩一氏(6)はこれを、「倭人が時をもって盟することがあるか」ということであろうと述べている。とすれば、倭人の集団が分裂して相争っている状況があって、漢朝が何らかの形でそれに係わっており、会稽郡大守の曹胤が関与して

いた可能性がある。会稽の地に倭種の社会があったのだろうか。

しかし、この時代が、魏志倭人条に記されている卑弥呼が王として立つ以前の倭国大乱の頃であり、また会稽の地が朝鮮半島や日本列島と中国との交流にとって先史時代から重要な拠点であった可能性があることを考えると、その倭人は列島の倭人であったかもしれない。実際にそう考えている中国の学者もいるという。

以上、四史料について述べたが、はたして日本列島の倭種に共通する種族が中国に存在していたであろうか。

そもそも倭という字は一般名詞として、従順である、動きがおそい、身長が低い、などの意味で用いられていた。そのいずれかの特徴をとらえて倭と呼称したという説もあるが、上記の倭はすべて沿海の地にあること、また、後述するように前一世紀以後に中国の史書に登場する中国本土以外の倭はすべて朝鮮半島あるいは日本列島の倭であり、海に面した地域として記されていることから考えると、倭人を沿海の地の民としてとらえていたようである。

その後の中国史料においては、中国大陸の倭人と半島・列島の倭人とを同じ種族と見なしている記事は全くないので、本書はもっぱら半島・列島の倭について考察する。

三　朝鮮半島と日本列島の倭

〈特定説〉と〈不特定説〉

倭の存在は日本列島内に特定されるという説があり、これを〈特定説〉と呼ぶ。本書は朝鮮半島南岸にも倭種の地域があったとする立場であり、これを〈不特定説〉と呼ぶ。

本章の冒頭に引用した百科事典によると、和歌森太郎氏は〈不特定説〉のようである。

「紀元前後から中国人や韓人はこの倭の呼称で、朝鮮半島から北九州にわたる地帯とその住民をとらえていたが、倭の政治社会が東方に拡充発展するに伴い、西日本一帯を倭国と認識するようになった」

関和彦氏は〈特定説〉のようである。

「近年、朝鮮南部も倭とする見解が出されているが、「倭人は帯方東南大海中に在り、山島に依りて国邑を為す」などを細かに検討すれば、倭は九州・四国・中国・中国地方を中心とする西日本と考えるのが妥当である」

直木孝次郎氏は〈不特定説〉に近いようである。

「「漢書」の「倭人」も漢が設置した楽浪郡へ、南方から船に乗って朝貢してくる人々をすべて倭人といったのかも知れない。すなわち、古くは朝鮮半島西南部に住む人々をも含めての称とも思われる」

山尾幸久氏は明らかに〈特定説〉である。

「魏志東夷伝によって、中国人は朝鮮半島南部を倭と呼んでいたとか、倭人が朝鮮南部に進出していたとかいう説もあるが、史料解釈が穏当ではない。九州北部と朝鮮南部との間に古くから住民の移住も含む継続的交流があったことは確かであるが、歴史的親縁性の証拠を中国史料の文面に求めるのはむづかしい」

このようにこの四氏に関しては二対二にわかれている。後述するように倭種がなぜ、どのように形成されたかを考えると〈不特定説〉が理解できると思われるが、本節では山尾幸久氏が言及した魏志東夷伝などによって考察する。

『漢書』地理志

朝鮮半島以南の倭についての初出は前一世紀に書かれた『漢書』の地理志であるが、これについて記されている倭人が半島の倭人であるか、列島の倭人であるかという議論がある。

「楽浪海中有倭人、分為百余国、以歳時来献見云」
（楽浪海中に倭人がおり、百余国に分かれている。歳時を以て来て献見すると云う。）

楽浪郡は前一〇八年に漢が朝鮮に置いた四郡のひとつで、現在の平壌《ピョンヤン》とその北側の平安側の平安南道・平安北道あたりがおよその地域で平壌に役所があった。楽浪は中国の朝鮮支配のための四郡の中心地だった。そこに朝貢のために往来し物を献じたというのである。

『漢書』の「楽浪海中」に対して、魏志では「帯方東南大海中」と記している。魏志のあとに記述された『後漢書』はこれにならって東南大海中に変えている。『漢書』の倭が列島の倭を指しているかどうかは明らかでない。これに関する井上秀雄氏の意見[7]を紹介し、さらにこれに対する直木孝次郎氏の意見[8]を示す。

井上氏は次のような意見である。

「楽浪の海中に倭人がいるとあっても、倭が島国であるとはかぎらない。『漢書』天文条に、〝朝鮮は海中にあり〟とみえるように、海上交通の便のある地域をさしていっているだけである。そのうえにさらに地理志の前後の文章を考えあわせたうえで、しいて今日の地理上にこれを求めれば、楽浪郡に近接した南朝鮮西海岸方面に推当すべきである」

前一世紀の中国の史書に姿を見せるのは、朝鮮半島南西部の倭人であって、列島人ではないというのである。

これに対して直木孝次郎氏の意見は、

「井上秀雄氏の意見はまことにもっともである。しかし古代の中国人が、東方にすむ異種族を一つ一つ確実に識別したうえで、日本人を倭という語であらわしたと考えるほうがむりであるとすれば、『漢書』地理志の倭人を南朝鮮西海岸の人々にかぎる井上説は、かえってややせまい解釈ではないかという気がする。この倭人は、楽浪より南から船にのって朝貢してくる種族を総称したもので、そのなかには朝鮮西南海岸の種族も、海をこえた日本の九州方面の人々もふくまれると考えてよいのではなかろうか」

両氏は〈不特定説〉であるが認識の形に差があって興味あるやりとりである。

魏志東夷伝

『三国志』魏志東夷伝は図1に示す諸国についてそれぞれ記述しているが、基本的にその冒頭に地域を述べ、住民についてそのあとで説明している。例えば濊《わい》については、

「濊は南は辰韓《しんかん》と、北は高句麗《こうくり》・沃沮《よくそ》と接し東は大海に窮《きわ》まる（東は海に接している）」

韓については、

図１　朝鮮半島の諸国

「韓は帯方《たいほう》（郡）の南に在り、東西は海を以って限りと為し、南は倭と接す。方四千里ばかり。三種有り。一に馬韓と曰《い》い、二に辰韓と曰い、三に弁韓と曰う」

倭についてはタイトルそのものが〝倭人〟であり、冒頭から住民を記述している。

「倭人は、帯方（郡）の東南、大海の中に在り、山島に依りて国邑を為《つく》る（島の中に国をつくっている）」

なぜ倭だけが「倭人」ではじまるかについては後述し、まず韓条について考える。

韓条は冒頭に馬韓・辰韓・弁韓の三種があると記しているが、その後の記述は弁韓がなく弁辰という名称を地域名と住民名に用いているため極めて読みにくい記述となっている。辰韓・弁辰それぞれ一二国として列挙しており（実際は二六国の名称が記されている）その半数には弁辰狗邪《くや》国のように〝弁辰〟を付け、他の半数には不斯《ふし》国のように〝弁辰〟を付していない。それぞれの位置を比定することが行われているが、おおむね弁韓内の諸国に弁辰を付し、そうではないものは辰韓内のようである。地域としては弁韓、住民については弁辰と記しているようである。

弁辰について、男女の風習は倭人に近く、男女ともに入れ墨をしている、辰韓の人と入り交じって生活している、衣服や住居などは辰韓と同じ、言葉や生活の規律は似ているが鬼神の祭り方は違っていると述べ、さらに弁辰瀆盧《とくろ》国は倭と隣り合っていると記す。

また、馬韓の男には時々入れ墨をしているものがいるとも記している。馬韓は国名ではなく五〇以上の小国が散在している地域名であり、のちの百済は北方から統一国家が成立し、南部の栄山江《ヨンサンガン》流域を百済が制するのは五世紀以後である。弁韓あるいは弁辰と呼ばれた地域は四世紀頃から加耶《かや》と呼ばれ、後述する一時期を除いては小国群の集団にとどまっていたが、栄山江地域は百済が制するまでは主として加耶南部と交流し、加耶を介して北九州とも交流していたことが考古学史料からわかっている。入れ墨（文身）は漁撈にかかわる風習で、中国東海沿岸から朝鮮半島南岸、さらに日本列島の沿岸にかけて存在していた環シナ海の漁撈文化の特徴である。列島の倭人についてもいうまでもない。

図２（井上秀雄『古代朝鮮』NHK ブックス 172、P58、「東夷伝による諸民族の地理位置」と記している）

弁辰の諸国の比定図によると多島海の島々には国がなく、海岸に近い国は少ない。前述の韓伝の諸記述とあわせて考えると、洛東江《ナクトンガン》以西の沿海部に倭人がいて一部は弁辰諸国にも混在しているが、大半は国といえる社会構造に達しない部族レベルの集団にとどまっていたと推定される。図2は井上秀雄氏が示した倭種の所在であるが馬韓の南岸にも及んでおり、妥当な概念図と思われる。

『三国史記』

『三国史記』は朝鮮の史書で、くわしく後述するが『三国志』と混同しないでいただきたい。

『三国史記』によると四世紀から五世紀にかけて新羅と百済は〝倭国〟と国交している。その倭国は加耶諸国の一部がこの時期だけ盟主のもとに糾合し、新羅、百済と対等の関係になったと考えられるが、詳細は後述する。

東夷伝の倭人条

なぜ倭だけが「倭人」ではじまるかについて考える。

「倭人在帯方東南大海之中、依山島為国邑」

前述の和訳では通説に従って「倭人は」と書いたが、本来は「倭人が」と読むべきであると考える。「は」と「が」のちがいについては学者の間でも議論があり、それを論じることは避けたいが、「倭人は」というと「倭人はすべて…」と解することができ、「倭人が」というと「倭人は……にも」と解することができる。他国についてはすべて唯一の地域として描いているので、「倭」と書くと倭人が列島にしか存在しないように思われることを避けて「倭人」と記したと考える。

列島の倭

ここまでは朝鮮半島に倭種がいたことを述べてきた。日本列島に倭種がいたことを述べる必要はない。しかし、列島の人間が日本人と呼ばれる以前、人々のすべてが倭種ではなかったこと、いいかえれば列島の倭種は列島の一部に存在した種族であることとは述べておく必要がある。

列島の倭種が北九州で形成されたことは次節以降で述べるが、その後の倭種はほとんど北九州にとどまっていたことはさらにあとの章で述べることとする。したがって本書は邪馬台国九州説である。

同じ種族か

ここまで史書をもとに半島と列島に倭種がいたことを述べてきたが、〈特定説〉の立場からは、半島と列島に倭と呼ばれる種族が存在したとしても同じ種族であるといえるのか、明らかに共通しているのは入れ墨だけなのではないかといわれるかも知れない。

当然ながら双方の言語・風俗・文化などについて順次検討する。

四　倭種形成の基層

漁撈文化

倭種が形成されるのは後述するように弥生時代であるが、その基層は縄文時代に醸成されていた。それは二つある。

そのひとつは中国東海沿岸から朝鮮半島南岸域、さらに日本列島の沿岸にかけて存在していた環シナ海の漁撈文化である。その一部は瀬戸内海にも達していたが、対馬海流の流れる海峡の両岸に倭種が形成される。

この漁撈文化は潜水漁撈と文身（入れ墨）を施すという共通の文化を持ち、そのつながりは中国東海沿岸から水田稲作などの文化を伝えるルートともなっていた。なお瀬戸内海へは黒潮の流れに乗って沖縄などの南西諸島を経由して達した可能性があり、これも水田稲作文化の経路のひとつであったと考えられる。

この漁撈文化を持つ人々を海民と呼ぶことにする。海民が漁撈に携わるだけでなく大陸・半島・列島の間の文化の伝播や交流・交易を担っていたことはいうまでもない。特に半島南沿岸部と北九州の間では半島と列島の海民たちの接触は密であった。半島と列島の交流は対馬・壱岐・沖ノ島などを経る日本海側が主であると見られがちであるが、海民同士の接触は耽羅《たんら》（済州島）・五島列島経由も重要であった。奈良時代・平安時代に「耽羅鰒《たんらのあわび》」が畿内に貢進されていた記録があり、「耽羅鰒」は倭種が形成される頃から列島に移入されていたのであろう。後の時代の遣唐使が五島列島から半島を経ずに中国大陸東南部に渡ったように五島列島も重要である。

魏志東夷伝の韓条には「済州島にある州胡国《しゅうここく》の言語は韓族と同じでない」と記されている。済州島だけで特有の言語が成立するとは思えないので半島・列島の海民の用いる方言が馬韓などの言語とかなり異なっていて、後の倭種の言語の形成に関係していたことも考えられる。

農耕文化

倭種形成のもうひとつの基層は照葉樹林帯の農耕文化である。

半島と列島は図3に示すように落葉広葉樹林帯（以下落葉樹林帯と略称する）と照葉樹林帯に分類される。列島の西半分は照葉樹林帯である。半島の大部分は落葉樹林帯に属するが南部沿岸にわずかに照葉樹林帯が存在する。

農耕文化が発達していなかった縄文時代の食糧資源は圧倒的に落葉樹林帯が有利で

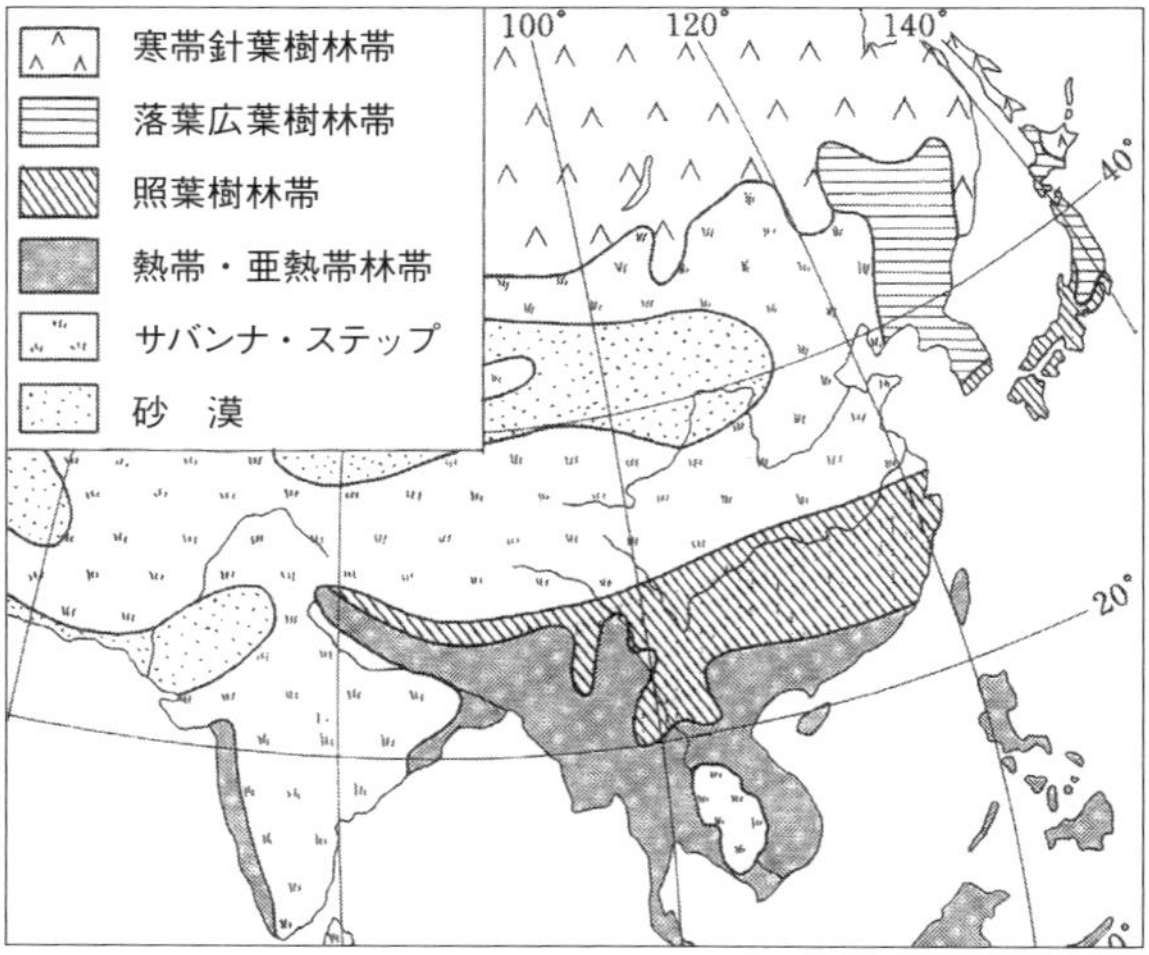

図3　佐々木高明『日本文化の基層を探る』（※吉良竜夫氏の原図をもとに作図）より

人口密度の差は歴然としている。

小川修三氏の研究によれば[9]縄文中期の人口密度は一〇〇平方キロ当り東北地方で七一人、九州では二四人と推定される。

弥生時代はこれが逆転し、東北地方で六六人、九州で一五六人となる。言うまでもなくそれは照葉樹林帯に適した水田稲作の普及による変化であるが、それ以前にこの地帯に普及した共通の文化がある。

それは縄文時代後期に伝来したと見られる照葉樹林焼畑農耕文化である。そこには照葉樹林帯に分布が限定される各種の文化・風習があり、現代にも続いている。たとえば、稲にかぎらず粟《アワ》、黍《キビ》などにも見られるモチの文化がある。佐々木高明氏に

よれば、[9]

「モチの文化は照葉樹林帯を特色づけるきわめてユニークな文化的特色であるが、そのなかでも、専用の横杵を用いて搗きモチをつくる習俗というのは北部タイから雲南・貴州・湖南に至る「東亜半月弧」の東部の地帯から江南地方をへて朝鮮半島の一部や日本列島に至る、きわめて限定された地帯に分布していることが明らかになった」

照葉樹林焼畑農耕文化も海峡両側にまたがる倭種形成の基盤であった。

こうした共通の基層がなかったとしてもこの地域は半島と列島の接点としての交流・交易の場であったが、縄文時代においては同じ種族を形成するほどの関係ではなかった。

倭種形成は弥生時代にいたって照葉樹林地帯に水田稲作が導入され、鉄器の導入と相まって生産活動が高まり、日本列島の縄文人が朝鮮半島から鉄と大陸文化の移入にはげんだことにより、半島と列島の交流が増大したことから進展したと見られる。どのようにして倭種が形成されていったかを次に述べる。

五　倭種の形成

縄文時代後期にはじまる水田稲作文化が弥生時代に急速に発展し、また弥生中期ごろから鉄器文化が普及しはじめたことが両岸の連帯を強め、倭という種族が形成された。

水田稲作はすでに述べたように照葉樹林帯の食糧を豊富にし、人口を増大させたが、朝鮮半島側は地域が限定され、また水田稲作に適した沖積平野も日本列島に比べれば少なく、列島側の方がはるかに食糧が豊富になった。

列島側は半島の南岸地域に先んじて小国といえるような社会構造が形成され、そこでは大陸文化の文物も珍重されるようになる。その需要に対応した知識や技能を提供できる人びとが渡来してきて定住するようになり、北九州各地の遺跡から出土する半島系の土器がそれを示している。半島から列島への人の流れはその後も数世紀にわたって続き、縄文人と混血することで弥生人ともいわれる身体的特色がやや異なる人々が北九州で増加し、それがその後東方に拡大したことが遺伝子などの研究からわかっている。

鉄器文化はその原料である鉄が六世紀頃まで列島内では生産できなかったことから、水田稲作文化とは異なる形で進展する。

交易によってしか入手できないことは対価を提供する必要がある。列島から半島へは玉石類や丹砂などが輸出されたが旺盛な鉄需要に相応するべくもなく、基本的に輸入超過であった。それは二つの手段で対応された。

その第一は労力提供、要するに出稼ぎである。

釜山《プサン》の萊城《ネソン》遺跡や晋州《チンジュ》湾の勒島《ヌクド》遺跡では鉄器が製造されていたが、そこには列島から持ち込まれたり現地で製作された北九州の土器が残されており、さらに内陸の鉄鉱山の遺跡からも列島弥生人の痕跡がうかがえる。列島へ渡来した半島人のようにそこで定住したことは考えにくいが社会生活を共にしたことは確かである。

その第二は武力提供、要するに傭兵である。後述するように朝鮮半島の南岸地域には「倭兵」と記されている集団があり、半島東部ののちの新羅の南部をくり返し襲い略奪を行っていた。倭兵はいつから存在したかは明らかでないが五世紀末まで存在した。倭兵は列島の海民であるとする見方もあるが、本拠は半島沿岸で、列島の海民がそれに加わっていたと考える。しかし海上の戦力は列島側が主であったかもしれない。

これらの相互往来・共存・連帯を通じてさらに言語の共有化が進むことで倭という種族の形成が進んだ。

島嶼に住んでいた海民は沿岸の海民に比べ半島・列島に対する帰属感より、海に生きる民としての共通の意識が強く、倭種形成を進める役割を果たしたであろう。

倭種を形成する半島の住民は辰韓・馬韓の人々と異なり、北九州の住民と共通の生業文化を有する半島の局地的な存在であったが、大陸の文化・技術を列島人に先んじて入手していたので、言語で見られるように倭種形成にあたっては先導的な立場であったが、列島人を征服したわけではない。

古代史の各種の説のなかには、大陸の騎馬民族、あるいは加耶諸国が列島を征服して大和政権を樹立したというような、〈特定説〉とも〈不特定説〉ともいえない説もあるが、日本民族形成の大きな要素となった倭という種族は上記のような自然の流れのなかで形成された。

六　倭種の言語と日本語

縄文時代の列島の言語は北東アジア系の古モンゴロイド系の言葉であり、半島の言語は同じ北東アジア系ではあるが、満州・ツングース語に近いアルタイ系であったと考えられている。

すでに述べた倭種が形成される過程で当然ながら共通の言語も形成されるが、特に縄文時代後期に南アジアから伝来した照葉樹林焼畑農耕文化、さらには水田稲作文化に伴って多数の語彙（単語の総称）が移入したと見られる。異なる言葉の人々が最初に共有するのは物の名前などの語彙であって、構文規則（文法）がちがって語順が異なってもある程度は通じるものである。

縄文時代の列島の言語の構文規則はよくわかっていないが、倭種の言語はアルタイ系で、半島側に由来すると考えられている。このことは東夷伝倭人条の記述からわかる。たとえば、官名の「卑奴母離《ひなもり》」は後の日本語の「夷守《ひなもり》」であるが、守るという動詞の前に夷という目的語が来ることがわかる。

現代においても朝鮮語と日本語は語順をかえずに逐語訳で続けてもそのまま文章になるという関係にあり、倭種の時代から続いているのであろう。

発音、特に母音の発音についても半島側の影響が明らかとなっている。倭語から日本語が形成される過程で万葉仮名が用いられた。万葉仮名の時代は単母音が八種類あって現在のア・イ・ウ・エ・オ五種類より多かったことが定説となっている。

イ・エ・オにそれぞれ甲音・乙音という二種があって、異なる漢字を用いて区別していた。清音の例で示せば、甲類のイは〝計〟〝渓〟など、乙類は〝帰〟〝紀〟など、その他多数の漢字が甲類か乙類に区別されていた。

縄文時代の単母音は四種だったという説が強い。とすればその後八母音から五母音まで先祖がえりしたということであろうか。

現在の朝鮮語の単母音も八種で、これと現在の日本語の五母音を発音記号と対比すると図のようであり、当時の発音は明らかでないが、イは〔i〕・〔ɯ〕、エは〔e〕・〔ɛ〕、オは〔o〕・〔ɔ〕の二種に対応して甲音か乙音であったように思われる。年代を経て甲・乙の区別がなくなってしまったようだ。

発音記号とハングルの８母音と日本語の５母音の関係

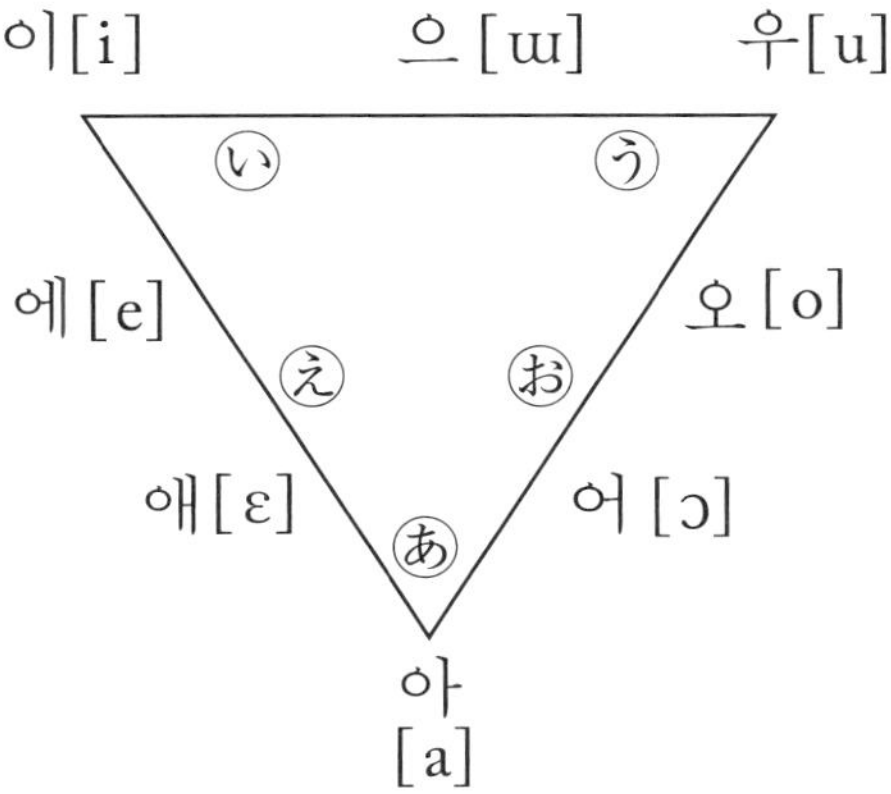

日本語の起源については諸説あるが、倭種の言語が日本語の起源であるといいたい。東夷伝によれば辰韓と馬韓は言葉が異なり、辰韓と弁辰は言葉が似ていて、州胡国（済州島）の言語は韓人と異なるという。列島の倭人については倭人条は、骨を灼《や》いて割れ目をみて占うときの言葉が中国の亀卜《きぼく》の言葉に似ているとだけ記す。州胡国だけで独自の言語を持つとは考え難く、倭人と

の関連も考えられる。こうした記述を見ると倭人の言語が他の韓人の言語とかなり異なっていたことが考えられる。半島の言語との関係は深いが、倭種の言語は半島と列島の倭種が生み出した韓人と異なる言語と見なして良いのではないか。しかし半島側から見れば、琉球語が日本語方言とされているように半島南岸の方言であったといえるかもしれない。

いずれにしても倭種の言語が日本語の基礎となったことは確かである。倭種は大和王権を生み出し、大和王権のもとで日本民族が形成される。

七　銅剣・銅鉾文化圏と銅鐸文化圏

弥生時代に、東海地方を含む列島の西部に、中国地方と四国では併存しているが、九州を中心とする銅剣・銅鉾文化圏と畿内を中心とする銅鐸文化圏の二文化圏があったことは定説となっている。

銅剣・銅鉾文化圏の流れを汲み、三種の神器を奉ずる大和王権がその勢力を拡大する過程で銅鐸文化圏が消滅していったことも明らかになっているが、両文化圏の成立過程とその実体についてはさまざまな説があり、たとえば大和王権に先行して銅鐸を奉ずる大王国があったとする説もあるが定説はないといえよう。しかし倭種と日本民族のつながりを考える本書にとっては検討せざるを得ない問題である。

銅剣・銅鉾文化は中国から朝鮮半島を経て列島につながる青銅器文化が北九州で地域化したものであるとして理解できるが、銅鐸については容易ではない。

銅鐸の起源については朝鮮半島で馬などの家畜の首につけた鈴であるとする佐原真氏の説があり、近年に九州で朝鮮小銅鐸とその鋳型が発見されてもいるが、列島の銅鐸が水田稲作民の祭器であるとする見方、また銅鐸の製造技術や形態が明らかに中国の青銅器文化に属するとの見方などから佐原氏の説は現在では定説とはいえないようである。

中国の青銅器には柄《え》と鈕《ちゅう》（吊り手）や舌《ぜつ》（内部から打音を出す棒）の有無や形態から

鉦《しょう》・鐘《しょう》・鎛《はく》・鐃《どう》・鐸《たく》などの楽器があり、列島の銅鐸は素人の筆者が見てもその鐸に似ているため銅鐸と名付けられた。しかしその鐸が中国から渡来してきたという史料はない。

なお後述するドンソン型稲作文化で銅鼓という祭器が紹介される。中国にも銅鼓という同じような目的の銅器があるが銅鐸とは形態が全く異なる。

日本の銅鐸は弥生時代に発生し、弥生時代が終わるまでになくなってしまう。

本論に戻って銅鐸の発生について述べるが、銅鐸は水田稲作民の祭器とする説が有力である。水田稲作文化が南アジアから列島へ伝わった経路は大別して長江下流域から半島南部経由あるいは直接に北九州に伝来したルートと、華南から南西諸島経由で太平洋側から列島に伝来したルートがあるといわれている。そのどちらも雲南・北ベトナムを中心とするドンソン型と呼ばれる稲作文化に関係しているという。

このドンソン型稲作文化では銅鼓という身体に吊るすサイドドラムのような祭器が用いられ、使用しないときには埋納する習慣があったとされ、鳥居龍蔵氏が我国の銅鐸と同じような役割であったことをかなり以前に指摘しているという。(9)

そうであれば、南西諸島経由で伝来した水田稲作文化に伴って青銅製の祭器を奉ずる文化が渡来して本州側に普及し、銅鐸文化圏が形成された可能性が考えられる。

青銅器の原料は朝鮮から供給されたと一般に考えられているため、銅鐸は銅剣・銅鉾を鋳つぶしてつくったものであり銅鐸の方が新しい文化であるとする小林行雄氏の主張がある。しかし、成分分析などからの知見では、当時の日本列島やヨーロッパには「自然銅」という竹の子のような銅があって、現在はほとんど取りつくされているが、銅鐸のための原料としては十分あったと森浩一氏は述べている(10)。両文化圏はほぼ同じ時期にそれぞれ形成されたものであろう。原料は国内にあった。

倭という種族は銅剣・銅鉾文化圏のなかの北九州で、他に先んじて鉄という原料を得たのがその強さであったと考える。東進して大和にも勢力をつくり、銅鐸文化を衰退させた。その力の源泉は鉄と考える。北九州の三種の神器の銅剣はいつしか鉄剣になっていた。しかし倭種は日本民族形成の主たる要素であってすべてではない。実際に大和に進出した倭は次第に倭種の特徴を失い、五世紀にも同じことをくり返す。

大和王国は倭種以外の種族の文化も取り込んだはずであるがその種族はどこにいた

か。銅鐸を祭器としていた民がすべて一種族に属していたとは考えられない。銅剣・銅鉾文化圏は倭種の地域よりはるかに広く、吉備王国や出雲王国は両文化圏の接するところにあった。

四世紀頃、大和王国は魏から下賜されたとする〝三角縁神獣鏡《さんかくえん》〟といわれる鏡を数百個大和王国内のみならず各地の地域王国に分与した。銅鐸にかわる祭器となることを期待した可能性があるが、結果としてはさほど重用されずそのほとんどは埋蔵された。この鏡については多くの議論があるが、中国では同じものが発見されていないこと、明らかに仿製鏡《ほうせい》（日本で模作した鏡）と見られるものが認められること、など種々の視点からすべて仿製鏡と考える。

三角縁神獣鏡は大切にされなかったようであるが、前方後円墳は畿内からはじまり各地に普及した。前方後円墳の出現については定説はないが、いずれかの種族の文化であったものを大和王権が採用したことが考えられる。であればその種族も日本民族形成の一要素である。

日本民族の形成にあたっては種族・文化圏などについて研究すべき課題が多い。

注1　ＯＢＵＮＳＨＡ学芸百科事典　旺文社　昭和五〇年
注2　小学館日本大百科全書　小学館　一九八八年
注3　ブリタニカ国際大百科事典　ＴＢＳブリタニカ　一九九四年
注4　平凡社世界大百科事典　平凡社　二〇〇七年
注5　「東アジアの古代文化」（44）　大和書房　一九八五年
注6　「日本の古代」1　中央公論社　昭和六〇年
注7　井上秀雄「任那日本府と倭」東書房　一九七三年
注8　「日本の歴史」第一巻　小学館　一九七三年
注9　佐々木高明「日本文化の基層をさぐる」ＮＨＫブックス　一九九五年
注10　森浩一　県民大学叢書五六「銅鐸と日本文化」第一法規　一九九八年

Ⅱ 弥生中期

何をもって種族が形成されたかを明確にすることはむずかしいが、倭種は弥生中期に形成されたと考える。

I章三節で述べたように、半島と列島の倭人に関する文献の初出は前一世紀に書かれた『漢書』の地理書である。それが半島の倭人か、列島の倭人か、あるいは双方の倭人かは明確でない。

このあと『後漢書』に二度の記事がある。

「(五七年) 倭の奴国の使者が貢ぎ物を奉げて光武帝のもとにきた。使者は大夫《たいふ》と自称した。倭の奴国は倭国の一番南の地である。光武帝は倭の奴国の王に印章と下げ紐を賜わった」

一七八四年に博多湾の志賀島《しかのしま》で「漢委奴国王」と刻まれた金印が発見され、その金印であるとされている。「委奴」はイトと読めるので東夷伝に出てくる伊都《いと》国と当初考えられたが、現在では〝倭の奴国〟と読むのが定説化している。

「（一〇七年）倭国王の師升《すいしょう》らは奴隷百六十人を献上して、皇帝の謁見を願った」

この時期は、後の小加耶の地域である晋州湾《チンジュ》の小島である勒島《ヌクド》が半島と北九州、さらには漢の楽浪郡との交易の拠点であった。勒島遺跡では鉄器をつくった多くの設備や鉄材の遺跡が残っている。その後勒島は衰退し、洛東江河口の西側の金海などが拠点となるが、小加耶と北九州との倭種の絆は両者が存在している間は続いていた。

こうした拠点では双方の倭人が往来し、双方の形式の土器が製作され使用されていた。

『後漢書』が倭国という言葉を用いていることは倭人がある程度の文化と社会構造を有しており、部族ではなく種族の段階であることを示していると考えたい。しかしこの倭国は列島の存在であって半島には倭人の国は記されていない。半島側の倭人地域は狭隘な照葉樹林帯にあり、照葉樹林帯に広い沖積平野を有する北九州は水稲に有利で食糧に関しては豊かであった。また、耕地に定着していて統率しやすい農民の方が海民より多数であったかもしれない。

半島では三世紀でも倭人の国と見なされる国は見出せず、倭人はいても部族段階にとどまっていたようである。倭国と呼ばれる小国連合が出現するのは四世紀から五世紀であり、それも五世紀前半に小国の集合にもどってしまう。

しかし東夷伝が記している列島の倭国も、邪馬台国を盟主とする三〇程度の小国の連合であり、それも女王が没すると乱れてしまうということである。程度の差であって本質的な差ではない。

倭種という言葉を用いる以上、いつ種族として成立したかを述べる必要があると考えた結果、弥生中期であると結論することとした。どのような過程を経て成立したかはすでに第Ⅰ章四節で示している。

III 二〜三世紀

一　半島の倭と加耶

東夷伝韓条

すでにI章三節で倭種が三世紀に半島南岸部に存在していたことを東夷伝の記事から述べたが、その内容はもっぱら辰韓・馬韓・弁辰との対比で倭人の存在を示すもので倭種そのものについては不十分である。まして三世紀前については触れていない。

『三国史記』新羅本紀の倭

I章三節ですでに触れた『三国史記』であるが、高句麗本紀には倭の記事はないが百済本紀には三九七年以後にある。新羅本紀には前五〇年の記述に倭人が登場する。神話の時代であるから信じることはできないがその後も繰り返し登場する。

『三国史記』は、新羅本紀・高句麗本紀・百済本紀で構成される歴史書で、現在までまとまった形で残る最古の勅撰歴史書である。

金富軾《きんふしょく》が完成したのが一一四五年というかなり遅い時代であり、『日本書紀』などと一致する記載が少ないことから、かつて我国では低く評価される傾向もあったが、先行した〝旧三国史〟をもとにしていることが明らかで、中国の史書と一致する記載があることから、現在では四世紀頃からはかなり正確に史実を記していると考えられている。

新羅本紀によれば初代の赫居世《かくきょせい》は前五七年に即位した。そもそも新羅は魏志に記される辰韓の斯盧《しろ》国が周辺を統一して四世紀頃成立した国と見られ、辰韓の成立時期ですら定かでない。神武天皇が前六六〇年に即位したとする『日本書紀』ほどではないが、三世紀以前についても信憑性は低いが、伝承などによるある程度の史実を示しているであろう。

「倭」記事は前五〇年から五〇〇年までに四九件ありその後とだえる。六六五年に再び登場する「倭」は大和朝廷である。記事は「倭兵」「倭人」「倭賊」などの用語を用いたものと「倭国」「倭王」などを用いたものと二種類にわかれ、前者は四〇件で二件以外はすべて倭人の来攻に関する内容であり、後者はすべて倭国との外交記事であり、明確に内容が異なる。

「倭国」記事のうち三世紀以前のものは三件で、二件は「倭国と国交を結んだ」「倭国と講和した」というだけで、一件は「一七三年に倭の女王卑弥乎が使者を送って来訪させた」というもので、二三八年の東夷伝倭人条をほぼ干支一運（六〇年）さかのぼって記しており、誤って引用したのであろう。いずれも史実とは考えられない。六件は四、五世紀のもので、すでにI章三節で触れており、半島に存在した倭国を語るものであり、次章で説明する。

「倭兵・倭人」記事もI章五節で触れたとおり、前五〇年から五〇〇年まで記されている。四〇件のうち一五件が三世紀以前であり、確かなものではないがかなり具体的に記しており、倭種形成の時代以来の事実を示していると思われる。

ここでは三世紀以前の記事の一例を紹介し四、五世紀についてはは次章でさらに述べる。

「（一二一年）夏四月倭人が東部の辺境に侵入した。（一二二年）夏四月大風が東より吹いてきた。……王都の人たちは倭兵が大挙して攻めてきたという流言に（惑わされ）、先をあらそって山や谷に逃げこもうとした。王は伊湌の翌宗らに彼らを諭して（王都に）とどまらせた」

新羅本紀の加耶

四・五世紀に倭国が形成される加耶地域は三世紀の東夷伝で弁韓と呼ばれていた。加耶は統一国家にならなかったので『三国史記』には加耶本紀という巻はない。高句麗本紀・百済本紀には加耶の記事はないが、新羅本紀には七七年から五六二年の間に一九回登場し、七七〜一一六年の間に八件、二〇一〜二一二年の間に三件、四八一〜五六二年の間に八件ある。この三期間には倭国記事が全くない。

三世紀以前は互いに侵略するなどして戦っているが、倭兵とは同じ時期に出現しないので、倭兵と同じような存在であった可能性もある。しかし加耶という存在そのものが四世紀以後であるので、五世紀以後の加耶と同列には論じられない。

二　列島の倭

倭種はどこにいたか

三世紀の東夷伝は倭人に関して実にくわしく伝えている。後の隋書・唐書にまで引用され、中国が大和王権について理解するのが遅くなった原因となった。

その記事については本書の読者は十分に知っておられると思うのでここで紹介する必要はないであろうが、列島の倭国の実態についてはさまざまな異論があることは御存知の通りである。その最大のものは邪馬台国がどこにあったかという基本的な問題であろう。

本書としては、九州説・大和説のいずれかに限定してどちらかを採ることとし、九州説を採る。

この問題について詳論すればきりがないので筆者が重視する三点にとどめたい。

男たちはみな文身（入れ墨）をしていて、それは漁撈に関係しているという。大和は漁撈を主とする地域ではない。

三世紀に大和王権が存在したとしても、それは他の地域王国と共存する一王国にすぎず、吉備・筑紫・出雲などの地域王国を大和が制圧するのは五世紀以後である。

大和王権以外の地域王国の存在を否定すれば、畿内以西がわずか三〇の小国にとどまるとは考えられない。馬韓だけでも五〇国と記されている。

では邪馬台国は九州のどこにあったか。これも諸説あって詳論すればきりがない。傘下の小国を含めて北九州に倭国はあったとして記述を進めるが、あえて私見を述べれば有明海の周辺であろう。

すでに述べたように、三世紀以後も倭種の地域は北九州であり、それを本書では列島の倭国、あるいは筑紫王国と記すことにする。倭種は他地域を支配するとその環境に合わせ変質し、倭種とはいえなくなったと考えられる。

列島の他地域

邪馬台国大和説があるのは考古学の知見からも、当時大和に国といえる程度の勢力が存在していたことが明らかであることによる。

大和王権についてはすでにI章八節で述べているように、銅鐸文化を排斥し、北九州の豪族が奉ずる剣・鏡・玉を三種の神器としていることなどから倭種を出自としていると考えるが、すでに倭種とはいえない地域勢力となっていたであろう。

大和・吉備・筑紫・出雲・越などの地域勢力がいつ地域王国といえるようになったかはいえないが、三世紀にはその素地は確立していたであろう。

東夷伝は倭国の東方について記している。

「女王国の東へ海を渡って千里以上のところにまた国が有る。すべて倭種である。また小びとの国がその南にある。この国の人の身長は三、四尺で、女王国からは四千里以上ある。また、はだかの人の国やお歯黒の人の国もさらにその東南にあり、そこえは船旅一年で着く」

「倭の地理について聞くと、大陸から離れて海中の島の上にあり、あるものは離島であり、あるものは連島であり、周囲五千里ほどという」

九州の東方に列島があることは理解しているが九州以外は全く見聞していないよう

である。

三世紀は崇神王朝の時代で、この頃大和王権が確立したとするのは通説といってよいであろう。その頃、各地にはそれぞれのヤマトタケルがいて地域王国が形成されつつあったという説もある。残念ながらそうした列島全体の動きは東夷伝からは知ることができない。『日本書紀』『古事記』も説話的で史料としては不十分である。

三　半島と列島の交流

Ⅱ章で述べた半島と北九州を結ぶ交易の拠点であった勒島《ぬくど》は一世紀に入ると衰退し、二世紀にはその役割を終えたようである。衰退していくころには勒島遺跡では北九州以外の瀬戸内、山陰などの土器が出土するようになる。北九州以外の地域と半島との交易が始まっている。半島側は金海の狗邪国のちの金官加耶が交易の中心地となり、壱岐島・対馬島も拠点となる。

勒島は後の小加耶地域であり、北九州と小加耶はその後も交流が続く。

Ⅳ 四～五世紀の朝鮮半島

一　朝鮮半島の諸国

高句麗

三世紀では高句麗に触れなかったが、『三国史記』高句麗本紀によれば前三七年に建国されたと記されている。その頃から高句麗と称していたようである。百済・新羅はまだ馬韓・辰韓でさえなかった。

高句麗は三一三年に後漢の楽浪郡を占領、さらに翌年、帯方郡を占領して南下し、三国時代となり、韓族の国家形成を促進することになった。この時点では他の二国はまだ馬韓・辰韓であったようだ。

四世紀から五世紀の初頭にかけて高句麗は百済と激しく戦い、一方で倭兵に悩まされる新羅に加勢する。広開土王（三九二～四一三）の時代に倭と戦ったとする記録がある。しかし五世紀後半は新羅がむしろ百済と連携する。

百済

『三国史記』百済本紀によれば百済の建国は前一八年であるが、三世紀の東夷伝に記された馬韓の伯済国が周囲の小国を併合して漢江下流西岸を支配し、漢城（現在のソウル）に都をさだめた国である。百済と称した時期は不明であるが中国史料の初出は『晋書』の三七二年で、東晋に朝貢し、東晋は第一三代近肖古王（三四六〜三七五）に鎮東将軍領楽浪太守の号を授けた。このことから、近肖古王の時代から百済と称したと考えられている。

百済は四世紀から五世紀にかけて高句麗と戦いを繰り返すが、加耶諸国とは友好的であり、三九七年から四二八年の間の半島の倭国との国交の記録が百済本紀に記されている。

新羅とは和したり戦ったりする関係であったが、四三三年から新羅と国交を結び、協力して高句麗に対抗するようになる。しかし、四七五年には高句麗に漢城を包囲され、新羅の救援が間に合わず、蓋鹵《がいろ》王は殺される。子の文周王が即位し、都を南の熊《ゆう》津《しん》に移す。この時に雄略朝が百済を救ったと『日本書紀』は記すが、『三国史記』には全く記載がない。

この後、百済は栄山江《ヨンサンガン》流域への南下進出を志向し、六世紀には大加耶さらには新羅と抗争するようになる。

新羅

新羅は三世紀の辰韓の斯盧《しろ》国が辰韓諸国の代表として前秦に三七七年朝貢したときからの名称であり、その時の王は新羅第一七代と新羅本紀に記される奈勿麻立干《なこつまりかん》（三五六〜四〇二）である。

三〇〇年から四一八年にかけて倭国との六回の外交記事が新羅本紀に記されているがその一方で、Ⅰ章五節・Ⅲ章一節で触れた倭兵には主として五世紀に繰り返し侵略された。また高句麗に支援を求めたことから高句麗に支配され多難な時代であったが、百済と連携し五世紀後半には高句麗軍を排除することになった。また倭兵は五世紀末に姿を消す。

加耶諸国とは六世紀前半に交流が多いが、五世紀後葉から友好的であったようで、四八一年には百済・加耶の援軍と協力して、侵入してきた高句麗と靺鞨《まっかつ》を撃退している。

加耶諸国

三世紀の弁韓には弁辰と呼ばれる一二国があったが、四世紀には弁辰は加耶と呼ばれ、多数の小国が存在し、六世紀に新羅に征服される。この間、四世紀から五世紀にかけてその一部が連合して倭国と呼ばれ、新羅・百済と国交を持つ。その倭国については本章で後述する。

加耶には十数ヶ国あったようで『日本書紀』にもいくつか記されているが、半島の史書である『三国遺事』には主要な国として、金官・阿羅・古寧・大・星山・小・非火の七加耶が記されている。加耶については『三国史記』にも加耶本紀がなく史料が少ないので、考古学の知見から周辺の小国を含めて、金官加耶・阿羅加耶・大加耶・

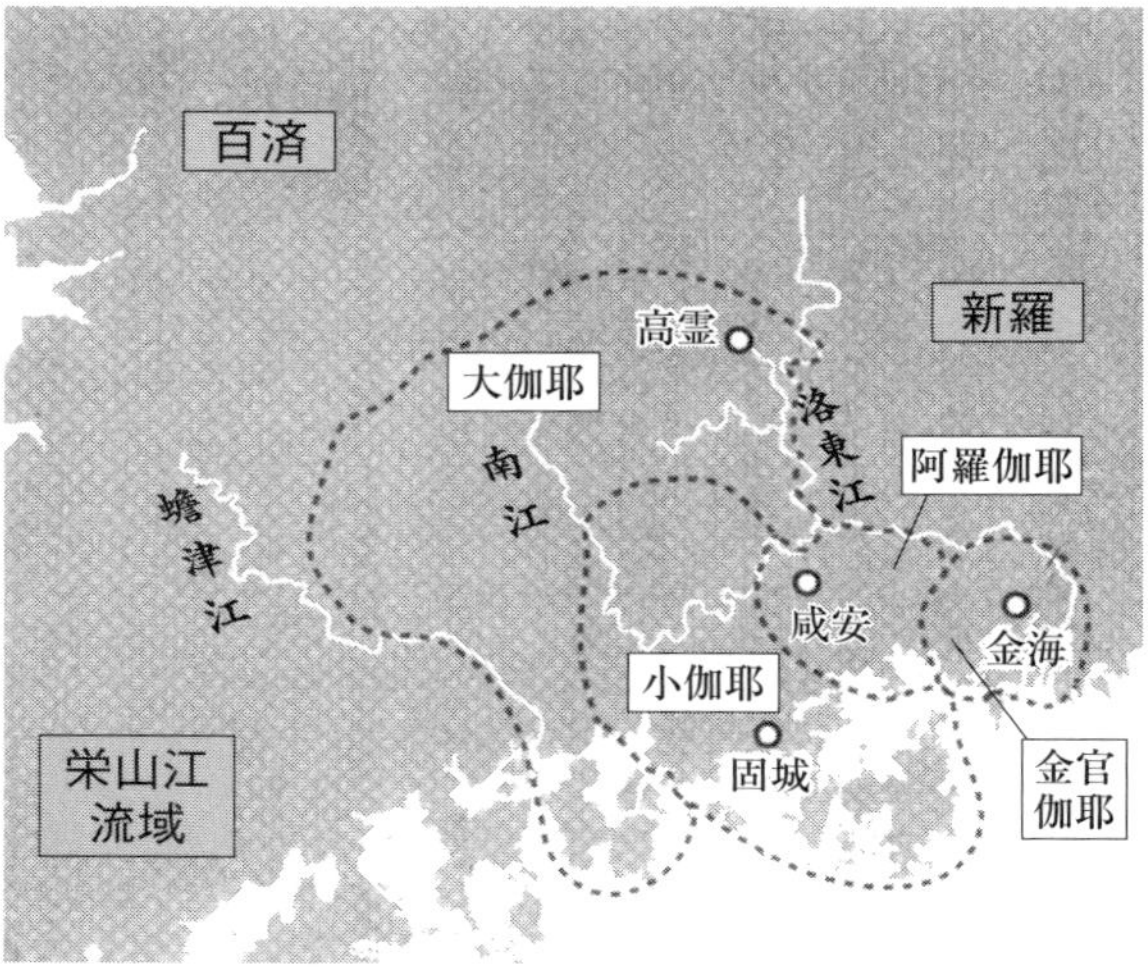

図4　加耶の地理的な範囲
（高田寛太『海の向こうから見た倭国』を元に作図）

小加耶の四加耶の勢力図に分けて記述するのが通例となっている。

次節に述べる半島の倭国は、小加耶を中心として金官加耶・阿羅加耶の一部を含む範囲のなかに存在したと見られるが文献史料が乏しい。

それぞれの加耶特有の文物や産物の分布や、列島との交易を示す考古学の知見から、四世紀は金官加耶の勢力が強く、五世紀前半は小加耶、五世紀後半は大加耶が強く、阿羅加耶はその間流通の要だったと見れば、後述する文献史料とも矛盾しない。

大加耶は四七九年に中国南斉へ遣使し、加耶で唯一、国際社会に登場する。また、四八一年には高句麗の新羅侵攻にあたって、百済とともに援軍を送る。

二　半島の倭国

四世紀から五世紀前葉にかけて倭国が出現し、新羅・百済と国交を持つ。Ⅲ章一節で倭兵と倭国の違いを述べたが、その倭国である。

新羅本紀の倭国記事

三〇〇年から四一八年にかけて六件を記す。

――（三〇〇年）春正月、倭国と国使の交換をした。

――（三一二年）春三月、倭国王が使者を派遣して、王子の花嫁を求めてきたので、阿飡《アサン》の急利の娘を倭国に送った。

――（三四四年）春二月、倭国が使者を派遣して、花嫁を求めてきたが、娘はすでに嫁にいったとして辞退した。

――（三四五年）倭王が国書を送ってきて国交を断絶した。

――（四〇二年）春三月、倭国と国交を結び、奈勿王の王子未斯欣《みしきん》を人質とした。

――（四一八年）秋、王弟の未斯欣が倭国から逃げ帰ってきた。


いずれも倭兵記事とは全く異なる国交記事である。当時、新羅は高句麗にも人質を送っている。

百済本紀の倭国記事

四世紀後半、高句麗と百済は戦いを繰り返していたが、三九二年に即位した高句麗の広開土王に三九五年に大敗を喫し、倭国の協力を求めたようである。

――（三九七年）夏五月、王は倭国と国交を結び、太子の腆支《てんし》を人質とした。

――（四〇二年）五月、使者を倭国に派遣して、大珠を求めさせた。

――（四〇三年）春二月、倭国の使者がやってきた。王は使者を特に丁重にねぎらい迎えた。

――（四〇九年）倭国が使者を派遣し、夜明珠を送ってきた。王は使者を厚く礼遇した。

――（四一八年）夏、使者を倭国に派遣し、白の綿《つむぎ》十匹を送った。

――（四二八年）倭国の使者がやってきた、使者に従ってきた者が五十人いた。


『日本書紀』によると応神八年（三九七）に、『百済記』（百済記については後述する）の引用文がある。

「阿花王《あくわ》が貴国《かしこきくに》に無礼なことをしたために、わが枕弥多礼《とむたれ》・峴南《けむなむ》・支侵《ししむ》・谷那《こくな》・東《とう》韓《かん》の地を奪われた。このため王子直支《とき》を天朝に遣わして以前の好《よしみ》を修復した」

枕弥多礼は済州島で、他は百済の地域であり、日本に奪われたというのである。

『日本書紀』は前提として（後述するように）神功皇后の時代から大和王国は加耶地域を中心とする広大な官家《みやけ》（領地）を領有していて、これを任那《みまな》と称するとしているので、朝貢国である百済に対してはあり得る話であるが、信じ難い内容である。むしろ半島の倭国を貴国として記したのではなかろうか。しかし紀年が百済本紀と一致していることは、この頃からの『日本書紀』の紀伝がかなり正確になっていることを示している。

好大王碑（広開土王碑）の倭記事

高句麗本紀には「倭」と「加耶」が記されていない。もっぱら新羅・百済との関係が記されている。

しかし、高句麗王朝一九代の広開土王の陵碑が四一四年に建てられており、それが一八七五年に発見され、この碑には「倭・倭賊・倭寇・倭人」などの文字が記されていた。それは中国・朝鮮の学界にとって大発見であったが、皇国史観の日本人にとっても四世紀に大和王国が半島に進出していたとする絶好の論拠としてもてはやされた歴史がある。

長年風雨にさらされかなりの文字が欠落したり、判読できなかったり、拓本をつくることも難しい状態であり、都合の良い論拠とするための捏造が疑われたこともあった。したがって研究者によって解読結果にかなりちがいがある。本書は王健群氏(1)の現代訳を参考にして記述するので異論もあるかも知れない。

なお、この碑は広開土王碑とも称されるが王氏にならって好太王碑と称することにする。

好太王碑と高句麗本紀では王の在位が前者では三九一年から四一二年、後者では三九二年から四一三年となぜか一年ずれている。双方に記されている記事は少ないが、一致している記事があり価値の高い史料とされている。

碑文は三段にわかれていて、第一段は高句麗という国の開発伝承、第二段が王の功績、第三段は遺言にもとづく守墓人に関する記載であり、本書では第二段から引用する。

「百済と新羅は以前、わが高句麗の属国であった。従来から朝貢していたが永楽一年から倭寇が海を渡って百済と新羅を打ち破り臣民にしたため（そのときから朝貢することもしなくなった）永楽六年に好太王は自ら水軍を率いて百済を討伐した。大軍は…

…王都に凱旋した。八年のとき……（百済はようやく）朝貢し命令に従うようになった」

百済のこの二度の敗戦については百済本紀・高句麗本紀の三九二年・三九五年の記事におおむね一致している。しかし前段の百済・新羅が属国であった件と倭寇の件は史実とは信じがたい。三六九年から三九五年の間に高句麗と百済は八回戦っており、百済が属国でなかったことは『三国史記』で双方が記しており、むしろ百済は倭人勢力の支持を得ていた可能性が強いことが推察される。

『日本書紀』の神功皇后による仲哀九年の三韓征伐を信ずる人はいないと思うが、摂政四九年からの新羅・百済の朝貢については倭寇記事と一致すると主張する人はいるかも知れない。これについては『日本書紀』について後述する。

碑文は王の事績を示すために即位前の状況をこのように記したのであろう。

「九年になると百済は自分の誓言に背き、倭と修好した。……新羅王の派遣した使者がやってきた。使者は好太王に、国内のいたるところに倭人があふれ、城は攻め破られてしまい、王の臣下であるはずの新羅王は賤民にされ、新羅王は好太王に帰順し、指示を仰ぎたいと願っていると話した」

倭国と修好したことは三九七年の百済本紀にも記されており、また太子の腆支を人質としたことも記されている。一方、新羅を襲った倭は当時ひんぱんに新羅を襲っていた。新羅本紀の倭兵・倭賊あるいはこの碑に記す倭寇であろう。

「十年、王は歩兵と騎兵五万人を派遣して新羅を救援した。……倭寇を追撃し、任那加羅の従抜城まで追った。この城はたちまち降服した……（さらに）新羅城と塩城を攻め破り、倭寇は大敗した」

この記事は新羅本紀にくりかえし出現する倭兵・倭賊の記事によく似ている。

「一四年、倭は再び両国の関係を破壊して、帯方地方に侵入し、百済の軍隊と連合して石城を攻め落とした。王は自ら軍隊を率いて討伐に行った。……多数の敵軍を殲滅した」

ここでは倭は倭国のように記されている。帯方は平壌の南の百済北部の地域であり、半島南岸の倭がそこで戦うことは考えにくく、その頃台頭してきた大加耶勢力ではないかと考えられる。高句麗本紀にも王碑にも加耶という記事がないことも考えると、加耶全体を倭と記しているのではなかろうか。

好太王碑に「倭」が記されていることを、大和王権が四世紀に半島へ武力進出したとする『日本書紀』の記述を裏付けるものとする見解はとれない。新羅を苦しめた倭は「倭兵」であり、百済に協力した倭は半島の「倭国」あるいは倭種の小国群であったと考える。

加耶南部と百済の交通は五世紀初めまでは海路も栄山江地域経由もあまり利用されず、内陸経由が主であったと見られる。その場合、加耶北部の勢力が加耶南部に加わって百済に協力した可能性がある。すでに述べたように、加耶全体を倭と見なしていたようである。

倭国は姿を消す

五世紀の前葉に半島の倭国は『三国史記』から姿を消し再現しない。その後七世紀に『三国史記』に登場する倭国は大和朝廷である。

東夷伝の列島の倭国は邪馬台国を盟主とする倭種の小国群であり、半島の倭国も加耶南部の倭種の小国群が盟主のもとに参集した構造だったであろう。倭国が姿を消した経緯は定かでないが、卑弥呼が死んだあとに倭国が乱れたように盟主が没するとか、他国に侵され分裂するといった状況が考えられる。

倭国の存在した地域は小加耶を中心とした沿岸であるとする説が有力であるが、それとも関連する浦上《ほじょう》八国乱と称される記事が新羅本紀にある。

「(二〇九年) 浦上の八国が連合して加羅 (阿羅加耶であろう) を侵略しようとした。加羅が救援を求め、王は太子の于老《うろう》などに命じ、兵を率いて救援させた。八国の軍隊を撃破した」

于老は伝説的人物で随所に登場することなどから、これは五世紀以後のことではないかといわれている。保羅国・古自国・史勿国などの国名が他の史料にあり、小加耶域である。いずれにしても浦上八国と呼ばれる小国連合が存在したことと、それを新羅が撃破したことは確かであり、それが倭国の消滅であった可能性もある。

倭国は消えたが倭種の小国群は六世紀に新羅に併合されるまでは存続し、九州の倭国との交流も続いていた。

また、半島の倭国はその中核が列島へ移動し、列島の倭種を牽引し、あるいは合体して勢力を強め、九州を出自とする応神王朝の成立をもたらしたとする見方も有力である。それについては後述する。

三　新羅を悩ます倭兵

前述した倭兵は四・五世紀も一九回新羅本紀に出現し、倭国記事が消えたあとも五〇〇年を最後として出現する。

「四八二年、五月、倭人が辺境を犯した」

というような極めて簡単な記事もあるが、

「四六二年、夏五月、倭人が襲来して、活開城を陥れ、一千人を連れ去った」

と、地点と目的を記す場合もある。

新羅の首都への侵入記事が八件あり、来攻の実体を分析することが可能である。例を示す。

「四五九年、夏四月、倭人が兵船百途艘をつらねて東海岸を襲撃し、さらに進撃して月城を包囲した。四方からはなたれる矢や石は雨のようであったが、王城を守り抜いた。賊軍が退却しようとしたので城内の兵を出してこれを撃ち破った。賊の逃げるのを追って海岸にいたった。賊軍で海におちて溺死するものがその過半であった」

高寛敏氏は八件を検討した結果、[2]この倭人集団は、慶州東部の海岸の甘浦あたりから川づたいに慶州へ来攻した海賊的集団であり、案内人を含めて新羅人や加羅人が関与していた国際的な掠奪集団であり、大和政権軍ではないとしている。

鈴木英夫氏[3]は、五世紀末の四六二年・四六三年の記事を例として、慶州の南三〇キロ、釜山の北二〇キロあたりの歃良《そうりょう》城近辺に居住していて海賊集団とはみなし難く、むしろ列島の大和王権も関係した政治的な集団であるとしている。

筆者は後述するように、この時期には九州の倭種との関与はあっても大和王権の関与はないと考える。

また、倭人討伐計画中止記事とでもいうべきものが新羅本紀に二件ある。

二九五年の記事の要旨は、

――倭人がしばしば襲うので、百済と共謀して海に出てその国を攻撃してはどうかと王がいったが、臣下が、水上の戦いに慣れていないし、百済は信用できないので困難だと思うといい、王はよくわかったといった。

四〇八年の記事の要旨は、

――倭人が対馬（長崎県）に軍営を置き、わが国を襲撃しようと準備しているとの情報を得た。王は敵の兵站を撃破したいと思ったが、臣下が、大海を渡って万一勝利を失うならば悔んでも追いつかない。襲ってきたら防ぎ、有利になれば出撃して捕えるのが良い策略ですと答え、王はこの意見に従った。

この二件は他の記事にほとんど見られない王と臣下の問答形の説話記事であり、前述の諸氏は史料価値が低いと指摘している。

討伐しない理由として倭人が海の中にいることを理由にしたのであろうが、列島側

郵便はがき

料金受取人払郵便

名古屋中局
承認

9014

差出有効期間
2026年9月29日
まで

460-8790

101

名古屋市中区大須
1-16-29

風媒社 行

注文書◉このはがきを小社刊行書のご注文にご利用ください。

書名	部数

郵便振替同封でお送りします（1500円以上送料無料

風媒社 愛読者カード

書　名

本書に対するご感想、今後の出版物についての企画、そのほか

お名前　（　　　歳）

ご住所（〒　　　　　　）

お求めの書店名

本書を何でお知りになりましたか

①書店で見て　②知人にすすめられて

③書評を見て（紙・誌名　　　　　　）

④広告を見て（紙・誌名　　　　　　）

⑤そのほか（　　　　　　）

＊図書目録の送付希望　□する　□しない

＊このカードを送ったことが　□ある　□ない

風媒社 新刊案内

2025年
6月

写真とイラストでみる 愛知の昭和40年代

長坂英生 編著

あの頃にタイムスリップ！高度経済成長で世の中が大きく変貌しつつあった昭和40年代。愛知の風景、風俗、人々の表情などを写真とイラストで振り返る。

1800円＋税

名古屋地名さんぽ

杉野尚夫

どうしてこんな名前になった？地名をひもとけば、いつもの街が新しく見えてくる！土地の記憶と未来を知るための20のストーリー。

1800円＋税

名古屋駅西タイムトリップ

林浩一郎 編著

戦後名古屋の基盤となった〈駅裏〉の姿を、貴重写真と証言で生き生きと描き出す。この地に刻まれた記憶が未来をひらく！

1800円＋税

〒460-0011
名古屋市中区大須 1-16-29
風媒社
電話 052-218-7808
http://www.fubaisha.com/
[直販可　1500円以上送料無料]

名古屋で見つける化石・石材ガイド
西本昌司
地下街のアンモナイト、赤いガーネットが埋まる床……世界や日本各地からやってきた石材には、地球や街の歴史が秘められている。
1600円＋税

ぶらり東海・中部の地学たび
森 勇一／田口一男
災害列島日本の歴史や、城石垣を地質学や岩石学の立場から読み解くことで、観光地や自然景観を〈大地の営み〉の視点で探究する入門書。
2000円＋税

名古屋発 日帰りさんぽ
溝口常俊 編著
懐かしい風景に出会うまち歩きや、公園を起点にするディープな歴史散策、鉄道途中下車の旅など、歴史と地理に詳しい執筆者たちが勧める日帰り旅。
1600円＋税

近鉄駅ものがたり
福原トシヒロ 編著
駅は単なる乗り換えの場所ではなく、地域の歴史や文化への入口だ。そこには人々の営みが息づいている。元近鉄名物広報マンがご案内！
1600円＋税

愛知の駅ものがたり
藤井 建
数々の写真や絵図のなかからとっておきの1枚引き出し、その絵解きをとおして、知られざる愛知の鉄道史を掘り起こした歴史ガイドブック。
1600円＋税

伊勢西国三十三所観音巡礼 千種清美
◉もう一つのお伊勢参り
伊勢神宮を参拝した後に北上し、三重県桑名の多度大社周辺まで、39寺をめぐる初めてのガイドブック。ゆかりの寺を巡る、新たなお伊勢参りを提案！
1600円＋税

名古屋から消えたまぼろしの川と池
今はなき水辺の面影を求めて——。ビルの建ち並ぶ繁華街や多くの自動車が行き交う道路にも、かつては長閑な田園が広がり、水を湛えた川や池があった。
1700円＋税

古地図で楽しむ駿河・遠江
加藤理文 編著
古代寺院、戦国武将の足跡、近世の城とまち、災害の爪痕、戦争遺跡、懐かしの軽便鉄道……。
1600円＋税

古地図で楽しむ三重
目崎茂和 編著
江戸の曼荼羅図から幕末の英国海軍測量図、「大正の広重」吉田初三郎の鳥瞰図…多彩な三重の姿。
1600円＋税

岐阜地図さんぽ
今井春昭 編著
観光名所の今昔、消えた建物、盛り場の変遷、飛山濃水の文学と歴史……地図に隠れた岐阜。
1600円＋税

古地図で楽しむ岐阜　美濃・飛騨
美濃飛騨古地図同攷会／伊藤安男 監修
多彩な鳥瞰図、地形図、絵図などをもとに、地形や地名、人々の営みの変遷をたどる。
1600円＋税

明治・大正・昭和　名古屋地図さんぽ
溝口常俊 監修
廃線跡から地形の変遷、戦争の爪痕、自然災害など、地図に刻まれた名古屋の歴史秘話を紹介。
1700円＋税

古地図で楽しむなごや今昔
溝口常俊 編著
絵図や地形図を頼りに街へ。人の営み、風景の痕跡をたどると、積み重なる時の厚みが見えてくる。
1700円＋税

古地図で楽しむ尾張
溝口常俊 編著
地図をベースに「みる・よむ・あるく」――尾張謎解き散歩の勧め。ディープな歴史探索のお供に。
1600円＋税

古地図で楽しむ三河
松岡敬二 編著
地域ごとの大地の記録や、古文書、古地図、古絵図に描かれている情報を読み取る。
1600円＋税

古地図で楽しむ近江
中井 均 編著
日本最大の淡水湖、琵琶湖を有し、様々な街道を通して東西文化の交錯点になってきた近江。
1600円＋税

地図で楽しむ京都の近代
上杉和央／加藤政洋 編著
地形図から透かし見る前近代の痕跡、あったかもしれない景観、80年前の盛り場マップ探検。
1600円＋税

古地図で楽しむ金沢
本康宏史 編著
加賀百万石だけではない、ユニークな歴史都市・金沢の知られざる姿を読み解く。
1600円＋税

◎好評発売中

迷い鳥［新装版］ロビンドロナト・タゴール
川名澄訳 ◉タゴール詩集
アジアで初めてのノーベル文学賞に輝いた詩聖タゴール。1916年の日本滞在にゆかりのある珠玉の英文詩集、初版英文テキストを併記した完訳版。 1800円＋税

ギタンジャリ［新装版］ロビンドロナト・タゴール
川名澄訳 ◉タゴール詩集 歌のささげもの
アジア初のノーベル文学賞を受賞したインドの詩人タゴールの自選詩集を、はじめてタゴールを読むひとにも自然に届く現代の日本語で翻訳。英文も収録。 1700円＋税

わたしは誰でもない エミリ・ディキンスン
川名澄訳 ◉エミリ・ディキンスンの小さな詩集
時代をこえて、なお清冽なメッセージを発しつづけるエミリ・ディキンソンの詩。そぎ落とされた言葉に、永遠への願いがこもる。新編集の訳詩集。 1500円＋税

ウィシュマさんを知っていますか？ 眞野明美
◉名古屋入管収容場から届いた手紙
入管で亡くなったスリランカ人女性ウィシュマ・サンダマリさんが残した手紙。彼女の思い描いていた未来はなぜ、奪われたのか。安田菜津紀さん推薦！ 1200円＋税

ひとりでは死ねない 細井順
◉がん終末期の悲しみは愛しみへ
穏やかに人生を振り返るために何が必要なのか。長年病者の苦しみに触れてきたホスピス医が贈る〈悲しみの先にある豊かな時間〉。 1600円＋税

悲しむことは生きること 蟻塚亮二
◉原発事故とPTSD
原発被災者の精神的な苦悩は、戦争被害に匹敵する。原発事故直後から現地の診療所で診察を続ける著者が発見した、被災地を覆う巨大なトラウマの存在。 1800円＋税

の倭人も関与していることを知っていたのであろう。倭兵記事は、倭国記事が四一八年で終わったあとも続き、五〇〇年を最後として終わる。倭国を形成した加耶の倭種小国は六世紀の半ばまで存続していたが、倭兵は五〇〇年以後の『三国史記』には登場しない。倭兵には列島側の海民あるいは豪族の兵士がある程度かかわっていたと見られるが、半島と列島のいかなる状況変化で倭兵が消えたかは明らかでない。

四　四世紀の半島と大和王権

四世紀は謎の世紀などといわれているが、『日本書紀』には大和王権と朝鮮半島の諸国との関係を示す多数の記述がある。

『日本書紀』は摂政元年を西暦三二一年、摂政六九年を三八九年として中国・半島の史書と対応させているが、干支二運すなわち一二〇年ずらせば神功皇后を卑弥呼に見立てることができると考えたようで、紀年は正確とはいえない。したがって本節では紀伝体で表示するが、おおむね四世紀のことと考えてよい。

また、神功皇后が実在したか、実在したとしても一〇〇歳まで摂政を続けたかはきわめて疑わしいが、いずれにしても大和王権の事績としての記述である。

神功皇后は摂政元年の前年（三二〇年）、神託に従って新羅を討ったと『日本書紀』は記す。

「そのとき風の神は風を起し、波の神は波をあげて、海中の大魚はすべて浮かんで船を助けた。風は順風が吹き新羅についた。そのとき船をのせた波が国の中にまで及んだ。新羅の王は戦慄してなすすべを知らなかった。……軍船海に満ち、旗は日に輝き、鼓笛の音は山川に響いた。……新羅の王は「東に神の国があり、日本というそうだ（当時〝日本〟という名称はなかった）、聖王があり天皇という。きっとその国の神兵だろう。とても兵を挙げて戦うことはできない」と、白旗をあげて降伏した。……そしていうのに「今後は末長く服従して……生産物を献上し……春秋の朝貢を欠いたりしたら天地の神の罰をうけてもよろしい」といった。……微叱己知波珍干岐《みしこちはとりかんき》を人質とし、……それ故新羅王は常に貢を日本に送っている。—

また高句麗・百済二国の王も新羅が日本に降ったと聞いて、「今後は永く朝貢を絶やしません」といい、それで皇后は内官地屯倉《うちつみやけ》(領地やそれを管理する組織であろうか)を定めたと記す。

この内容はあまりに神話的で、現在それを信じる人はいないと思うが、『日本書紀』はその後一貫して三国を朝貢国として記す。それが問題である。

その後の記事はかなり具体的である。

「摂政四六年、加耶の卓淳《とくじゅん》国に遣わした使者が、百済王が東方に日本という貴い国があると聞き、そこに通いたいといっている事を知り、百済国に使者を遣わしたところ、百済の肖古《しょうこ》王は大変喜び数々の豪華な土産を与えた」

「摂政四七年、百済王は使者を遣わして朝貢した。そのとき新羅の調の使も一緒にきた。二つの国の貢物を調べると百済の貢物が少なく、途中で新羅人が奪ったことが判明した。皇大后は使者を新羅に遣わして責めた」

「攝政四九年、新羅を襲おうとしたが兵が少ないと考え百済の加勢も得て討ち破った。そして加耶の七国を平定し、西に進んで耽羅《タンラ》を亡ぼして百済に与えた。半島西南部の四県が自然に降服した。倭国の千熊長彦は百済王と古沙山《コサノムレ》に登り山上で百済王は今後の朝貢を誓った。そのあと千熊長彦を都に案内し礼遇した」

「攝政五〇年、百済から攝政四七年の使者であった久氏《クテイ》が朝貢した」

「攝政五〇年、百済王はまた久氏を遣わし朝貢した」

「攝政五二年、久氏らがやってきて七枝刀《ななつさやのたち》一口七子鏡《ななつこのかがみ》一面、および種々の重宝を奉った。それ以後毎年相ついで朝貢した」

こうして大和王権は半島南部の広大な地域を領有し、それを任那《みまな》と称したとする。任那の範囲は単に加耶地域を指す場合もあって判然としないが、『日本書紀』に登場する地名などを克明に調査した研究が多数あり、そのなかで最大の範囲を示したものを示すと、加耶地域の東側と北側に慶尚北道と忠清北道の一部を加え、さらに西側に当時の百済の南の全羅南道・全羅北道の全域、忠清南道の一部を加えた広大な地域となる。加えて新羅と百済は朝貢するというのであるがこれが信じられるであろうか。

『三国史記』には列島から半島へのこのような武力進出があったという記事は全くない。ただ『日本書紀』摂政五二年記事の七枝刀と見られる刀が大和で発見されたことから、史実と見なす人が多い。しかし、考古学の見地からは百済と列島の間の交渉があったことに疑問を持つ意見が多い。たとえば朴天秀氏は述べている。(4)

「三・四世紀は金官加耶産文物が日本列島に移入され……一方、文献に見える活発な交渉記事にもかかわらず、日本列島では七支刀以外の百済産文物を見いだすことができず、百済地域にも日本列島産文物が移入されていないことから、この時期はまだ百済を日本列島との交渉主体とは考えにくい」

考古史料からこの時期の百済と列島のつながりを考えると、当時の百済は漢江流域が中心であり、その南の半島南西部の栄山江流域を経て加耶南部、さらに北九州という経路となる。四世紀前半では栄山江流域では百済王権との関係を想定できる史料が確認されていないという。四世紀中葉から五世紀前葉にかけて栄山江流域の沿岸をつたう百済と加耶南部の交流が進むが日本列島にまで至る交流は顕著でないという。

『日本書紀』に記される四世紀の大和王権の半島への進出、百済との国交はきわめて疑わしい。唯一の物証ともいえる七枝刀をどう考えるべきかを次節で述べる。

五　七支刀

「七支刀」の伝わる奈良県天理市の石上神宮は物部氏の氏神といわれ、武器についての伝承の多い神社である。七支刀は鉄製の諸刃づくりで長さ七五センチ、左右に互い違いに三つずつの枝刃が出ており、計七つの枝がある。国宝の指定を受けている。目釘穴がないので実用の武器ではない。

近代になって一八七〇年代に大宮司の管政友が錆びた刀身の両面に金象嵌で文字が記されていることに気づいた。その後研究されるようになったが、長年の間に腐蝕が進み、金象嵌も多く剥落し、取り扱いの不備もあって文字がすこぶる読み取りにくい状態であり、判読できない文字や判読に諸説ある文字が多く、さらにその解釈も諸説ある。本書では吉田晶氏[5]の読みくだし文と意訳文を参考にした。

〈読みくだし文〉

［表面］

泰和四年十□月十六日丙午正陽、百練の銕の七支刀を造る。出《すす》みては百兵を辟《さ》け、供供たる候王に宣し、□□□□なり。――＊□の中に「作」の字

［裏面］

先生以来、未だ此の刀有らず。百済王の世子、奇しくも聖音に生く。故に倭王の為に旨造し、後世に伝示す。

〈意訳文〉

［表面］（　）内は説明として追加したもの

泰和四年十□月十六日、丙午（刀剣を造るのによい日）と正陽（よい時刻）をえらんで、よく鍛えた鉄で七支刀を造った。この刀はあらゆる兵器による災害を避ける

ことができ、礼儀正しい候王が所持するのに相応しいものである。□□□□の作ったものである。

［裏面］

先世以来、このような刀は無かった。百済王の世子である私は、神明の加護を受けて現在に至っている。そこで倭王の為に精巧に造らせた。末長く後世に伝えられることを期待する。

「泰和」と読むことに議論はあるがほぼ定説である。泰和四年は三六九年で、近肖古王の在位が三四六年から三七五年であり、年代が一致している。『日本書紀』では七枝刀と記しているが枝でなく支と読むのが定説となっている。

候王は概して地方の王であって国王の下位とされており、倭王が候王であれば、献上でなく下賜となる。この場合はそうでないとする主張もある。百済王が近肖古王であれば世子は後の近仇首王である。王でなく世子が造らせたということになる。

『三国史記』百済本紀には三九七年まで倭国の記事はないが、三六九年から三九五年にかけて高句麗と八回戦っている。この間百済は、半島の倭国あるいは倭国形成以前の倭系小国群の助勢を得ていて、七支刀はそれに対する贈与だった可能性が高い。『古事記』には、刀と鏡が昭古王から応神天皇に献上されたという記事がある。『古事記』は年譜を記さないが昭古王と応神天皇は年代が合わない。

――百済の昭古王（近肖古王）が阿知吉師《あちきし》に託して牡馬一匹・牝馬一匹を天皇に貢上した。また、横刀と大鏡も貢上した。

『日本書紀』にも応神一五年（四〇四年）に、

「百済の王は阿直岐《あちき》を遣わして、良馬二匹を奉った。……」

という記事がある。阿知吉と阿直岐は同じ人物であろう。

後述するように、『日本書紀』は四世紀から五世紀にかけての百済と半島の倭国の関係を、百済三書を根拠としてすべてを百済と大和王権との関係にすりかえていると考え、また後述するように五世紀前葉に半島の倭国の人材・文物が大量に応神王朝に流入したと考えると、七支刀は百済から半島の倭種の国に下賜されたものであり、それがその後百済と国交を結んだ倭国を経て、倭国が小国群に戻ったときに応神王朝にもたらされたと考えられる。『古事記』がそれを示しているのであろう。

注1　王健群　シリーズ歴史研究「好大王碑の研究」雄渾社　一九八四年
注2　高寛敏「古代の日本と東アジア」小学館　一九九一年
注3　「東アジアの古代文化」（44）「特集四・五世紀の東アジアと「倭」」鈴木英夫　一九八五年
注4　朴天秀「加耶と倭」講談社選書メチエ　二〇〇七年
注5　吉田晶「七支刀の謎を解く」新日本出版社　二〇〇一年

V　四～五世紀の日本列島

一　大和王権と地域王国

大和王権の半島進出はなかった

前章で述べたように、大和王権が朝鮮半島へ進出し、三韓を朝貢国とし、さらに広大な領地を得たとする『日本書紀』の記述は信じられない。

この時期の大和王権は、倭種の域を超えた日本民族の形成に向かう地域王国の雄として歩みを進めていたが、他の諸地域王国を支配していたわけではない。前方後円墳は各地域に普及したが、それは銅鐸のように文化として受け入れられて、大和王権に対する従属関係を示すものではない。大和王権が配布した三角縁神獣鏡はさして評価されなかったが、それでもかなりの地域王国とは宥和的関係が結ばれていた。しかし国内を統括して半島に進出するほどの勢力ではなかった。

神功皇后記の示唆する史実

『日本書紀』の神功皇后記はⅣ章四節に述べるように信じ難い内容であるが、そこには史実が示唆されていると思われる。

第一に、皇后と仲哀天皇は熊襲を討つために九州へ赴くのであり、国内に敵対する勢力があることを示している。三世紀から続いている崇神王朝の勢力拡大の努力は継続中であった。

第二は摂政前期（仲哀九年）の新羅出兵である。『日本書紀』の内容は神話そのものであるが、半島側においてはⅣ章三節で示すように新羅は四・五世紀には首都までが倭兵に襲われ高句麗に救援を求めている。『日本書紀』は半島側の史料から倭兵を大和王権の出兵に見立てているのであろう。倭兵には列島側の海民さらには九州豪族の配下も参画している可能性があるので、史実の一端を示しているともいえる。

第三は、摂政四六年以後の百済との関係である。Ⅳ章二節で述べたように百済は四世紀末に半島の倭国と国交を結んだと『三国史記』は記すが、『日本書紀』はその倭国を大和王権に見立てて記したと考えられる。

後述するように『日本書紀』は四世紀後半から百済三書と称される史料を参考としており、そこに示される記事そのものあるいはそれをもとにして造作した記事が用いられている。

大和王権と地域王国

四世紀に沖の島を経由する交流・交易が始まり、吉備王国や日本海側の諸地域王国を介する半島と列島の往来が増え、筑紫王国の役割は相対的に減るが依然として健在である。

五世紀前半は新羅、後半は大加耶からの文物の移入が目立つが、百済産は大加耶経由が主であった。西日本以東の地域にも移入は拡大する。

大和王権の畿内にも王権の間でやり取りされる装飾品などの半島の威信財が多数みられる。このため大和王権と半島諸国の間で直接の国交があったと一般に考えられているが、それは認められない。諸地域王国を介した交流であったと考える。

『日本書紀』は一貫して半島の諸国を朝貢国と見なしているので対等の関係を示す記述がないのは当然であるが、『三国史記』には半島の倭国の記事が絶えたあと倭国が全く登場しない。

元来、一衣帯水の半島と列島は倭種の海民の往来で交流していたのであり、両岸に国が存在しても実際の交流は豪族あるいは部族レベルで行われており、貴重な物品とか重要な人物が往来する時に半島の小国や列島の地域王国が関わる程度であったと考えられる。

大和王権は他の地域王国のように外海に接しておらず、もっぱら地域王国を介し、地域王国は半島諸国の傘下の小国と結びついていたであろう。

半島の諸国と大和王権は互いの存在は知っていたであろうが、次章で述べるように五世紀中は直接の交わりはなかったと考える。まして国交を結んだという記事は『三国史記』の百済本紀に、「(六五三年) 王は倭国と国交を結んだ」と記すだけであり、この倭国はすでに大和朝廷である。『日本書紀』にその記事はない。

『日本書紀』は五六二年に新羅が任那の官家を討ち滅ぼしたと記す一方、五六一・

五六二・五六三年に新羅が朝貢したと記し、この頃新羅と大和朝廷は国交を結んだとする説もあるが、信じられない。五六三年の使者は新羅が帝の思いに背いたことを恥じ、帰国せず、日本に留まったと記し、大和朝廷は新羅を問責するために兵を率いた使者を派遣したとも記すが、信じがたい内容である。

二　応神王朝と半島・列島の倭

応神王朝

成務・仲哀・神功皇后は実在感がないが、応神は実在を感じる天皇である。あまり確かでない『日本書紀』にもとづく紀年では三九〇年に即位し、四三〇年に崩御したとされているが、およそその時期であろう。

皇后は攝政元年に、生まれたばかりの誉田別皇子《ほむだわけのみこ》（後の応神天皇）をつれて九州から大和へ向かうが、二人の兄が誉田別を殺そうとする。一人は神意による赤い猪に殺され、もう一人は武内宿禰の軍に討たれる。その他の記事などから、応神天皇は九州出身で、大和王権の崇神王朝にかわって新王朝をおこしたと考える人が多い。筆者もそう考えるが、応神王朝を成立させた勢力が何であるかは諸説ある。

たとえば、仲哀天皇が討とうとした狗奴国《くな》（熊襲）がその後に北九州を席巻し、応神天皇は狗奴国の出身であるという説、あるいは応神天皇は朝鮮半島の出身で、半島の勢力を率いて列島に来たという説などがある。しかし後述するように五世紀を通じて、三世紀の倭国を継承する北九州の倭国である筑紫王国は健在であったと見られ、応神天皇の出自は筑紫王国であると考える。

応神王朝と半島・列島の倭

応神の在位が三九〇年から四三〇年とすると、この時期はまさに百済が半島の倭国と通交していたとされる時期である。この間、阿莘王《あしん》（阿花王）の王子腆支《てんし》（直支《とき》）が人質として三九七年に倭国に来て、四〇五年に阿莘王が死去して、王弟の碟礼《かつれい》が勝手

に王を名乗った件が『日本書紀』百済本紀の双方に同じ紀年で記されている。『日本書紀』によれば、

「天皇は直支王をよんで「あなたは国に帰って位につきなさい」と語っていわれ、東韓の地を賜わり遣わされた」

百済本紀によれば、

「倭王は百人の兵士を護衛につけて送り、国境まできたとき、「軽々しく国に入らないで下さい」という人がいた。腆支は倭人を留めて自衛し、海中の島にたてこもって時期を待ち、国人が碟礼を殺してから王位に即けた」

海中の島は加耶西部の南岸の島であり、この倭国が半島の倭国であることは明らかである。『日本書紀』は百済記から引用したのであろう。

応神王朝と百済王朝は、五世紀に地域王国とくに筑紫王国を介しての交流はあったが、直接の国交はなかったと見る。

応神の出自が列島の倭種であれば半島の倭種との関係は良かったはずである。半島の倭国が盟主を失って小国群に戻った時、盟主はなぜ消えたのかは明らかでない。し

かし王国の文物や人材を擁して列島の倭国に参加した可能性は大きい。前述の七支刀がそれを示している。

五世紀の九州の倭国（筑紫王国と呼ぶ）は強い勢力を保ち、初期の応神王朝に半島とくに新羅の土木技術者などをもたらし、畿内の発展を支援したことが『日本書紀』の記述などからも推察される。大和に入った倭種が倭種の特徴を失うという歴史は繰り返すが、列島を統一する王朝が成立しつつある。

三大帝陵を残した応神・仁徳・履中の時代の応神王朝は盛大であったが、それ以後の王朝は衰退の傾向を示す。そのなかで雄略天皇は事績が目立つが、それは後述するように筑紫王国のものであったかも知れない。

『日本書紀』には大和王権と半島の交流を記す多数の挿話が示されるが、そのほとんどは地域王国との交流であり、特に武力進出についてはもっぱら筑紫王国傘下の豪族であり、五世紀中の大和王権の差配による出兵はなかったと考える。後述する六世紀の倭系古墳がそれを示す。

雄略天皇と百済

応神・仁徳・履中以後の応神王朝で最も存在感のある雄略天皇は次節にも登場するが、百済との事跡が『日本書紀』に記されている。

雄略五年（四六一年）の記事は引用文で、

「『百済新撰』（百済三書のひとつ）によると、辛丑年に蓋鹵《がいろ》王が弟の昆支《こんし》王を遣わし、大倭に参向させ、天王にお仕えさせた」

その後、引用文ではなく本文として記す。

「雄略二三年（四七九年）夏四月、百済の文斤《もんこん》王（三近《さんきん》王）がなくなった。天皇は昆支王の五人の子の中で二番目の末多《また》王が若いのに聡明なのを見て、詔して内裏へよばれた。親しく頭をなで、ねんごろに戒めて、その国の王とされた。兵器を与えられ、筑紫国の兵士五百人を遣わして、国へ送り届けられた。これが東城《とうせい》王である」

百済本紀によると昆支は四七七年の四月に百済王朝の要職に任命され、七月に死去したと記されているが、大和王権との関係は記されていない。また末多王（牟大《また》王）との関係も記されていない。三近王が死去したので東城王が王位に就いたとのみ記している。

この時期、百済は存亡の危機に瀕した。四七五年に高句麗が侵入し、王都の漢城を攻め、城は破壊され蓋鹵王は死去した。文周王が即位し、都を南の熊津に移し、なんとか百済は存続し勢力を回復した。

これに関して『日本書紀』は記す。

「雄略二一年（四七七年）春三月、天皇は百済が高麗のために破れたと聞かれて、久《こ》麻《む》那《な》利《り》（熊津のことか）を百済の汶《もん》州《す》王に賜わって、その国を救い興された」

『三国史記』にはそれらしき記事はない。この時期、百済と新羅は良い関係で、高句麗が侵入したときに新羅は援軍を派遣している。百済の復興には国内の残存勢力だけでなく、新羅や加耶の協力があったと考えられている。

九州の倭種も加耶の倭種に加わって百済を助けた可能性があり、東城王の件もそうであるが、『日本書紀』は半島の倭種も列島の倭種もすべて大和王権のこととして記すので、全くの虚構ではなく、筑紫王国に雄略天皇に擬する権力者が存在していた可能性がある。四節の〝倭の五王〟についてもそれが考えられる。

三　半島南岸西部の倭系古墳

倭系古墳とは、半島に残っている日本列島特有の特徴を有する古墳のことで、倭種が存在した半島で倭系というのはまぎらわしいが、考古学の用語である。次章でも時期を異にした倭系古墳が採り上げるが築造された経緯が異なる。いずれも九州の古墳の特徴を示している。

五世紀前半の半島の南西部すなわち栄山江流域は、もと馬韓の地であるが、この時期はまだ北側の百済に属しておらず、むしろ東側の南加耶の文化圏に属していたことが遺跡から推定されている。本来は百済と南加耶をつなぐ経路であろうが、内陸側を使用していたのであろうか。

栄山江流域を迂回する沿岸の海路の利用が五世紀に始まり、それから百済・南加耶の交流が密になり、さらに九州へと連なる交流が進んだことが考古学の知見から推察されている。その海路の沿岸の数カ所に、五世紀はじめに築造されたと見られる倭系の円墳が発見されている。

石堂などが北九州の墓制にのっとって築かれており、列島でつくられた甲冑が副葬されていて、被葬者は北九州の出身と考えられる。この地域では古墳は群をなすのが普通だが、いずれも単独で築かれ、また海を望む丘陵に立地されていて被葬者が海上交通にかかわっていたと見られる、
海上交通に携わる海民と、警護の武人とが存在したと思われるが文献史料がなく、今後の研究の対象である。

この海路が列島の倭人によるものか、加耶によるものに列島の倭人が従事したのかも不明である。次節の〝倭の五王〟は半島経由で宋に遣使しているので、それとの関連もあろう。

築造は五世紀前半にとどまっているようで、その後百済と大加耶が競合しながら南下するなかで陸上の交通が容易になったのであろう。

次章でも五世紀後半の他の二例の倭系古墳について述べる。四・五世紀には、新羅が朝貢を怠ったなどの理由の、大和王権の差配による出兵がしばしば『日本書紀』に

記されているが、出兵した豪族の家伝などを調べてもなかなか実証できないといわれている。この古墳は九州からの武人が半島に進出した事実を示す貴重な遺跡であろう。

四　倭の五王

応神朝の時代である五世紀を通じて、五人の倭王が中国南朝の宋に遣使朝貢したとする記録が中国の史書にある。表に示すように史書は晋書・宋書・南斉書・梁書・南史の本紀と列伝である。しかし日本の記紀には全く記載がない。五人の王は、讃・珍・済・興・武であり、大和朝廷のどの天皇に比定するかが永年にわたって議論されているが、いまだに定説がない。

通交の年次ごとにその内容を説明する。

四一三年、高句麗と「倭夷」が貢物を献じたというだけであり、内容は不明である。

遣使朝貢一覧

中国王朝	年次	西暦	派遣者	出典、血縁関係
晋　安帝	義熙2年	413	讃	晋書本紀、南史列伝
宋　武帝	永初2年	421	讃	宋書列伝
宋　文帝	元嘉2年	425	讃	宋書列伝
宋　文帝	元嘉7年	430	倭国王（讃？）	宋書本紀
宋　文帝	元嘉15年	438	珍	宋書本紀、宋書列伝・珍は讃の弟
宋　文帝	元嘉20年	443	済	宋書本紀・済は珍の子（梁書）、宋書列伝
宋　文帝	元嘉28年	451	済	宋書本紀、宋書列伝
宋孝武帝	大明4年	460	倭国王（済？）	宋書本紀
宋孝武帝	大明6年	462	興	宋書本紀・興は済の世子、宋書列伝
宋　順帝	昇明元年	477	倭国王（興？）	宋書本紀
宋　順帝	昇明2年	478	武	宋書本紀・武は興の弟、宋書列伝
斉　高帝	建元元年	479	武	南斉書列伝
梁　武帝	天監元年	502	遣使があったか不明	梁書本紀列伝・済は讃の弟の世子、南史列伝

この時の倭国使は高句麗が仕立てたもので、倭国は使者を派遣していないとする説もある。

四二一年、倭国側の目的は不明だが、宋の武帝は、「倭讃」が遠方から貢物を献上したことを褒めて官爵を授けた。いかなる官爵が授けられたか不明であるが、倭国の正統性を示す「倭国王」は確実で、また「安東将軍」も推測されている。讃自身が何らかの官爵を求めた様子はその後もない。珍以後に官爵を要求するようになる。

四二五年、讃はまた司馬曹達を遣わして方物を献じた。とだけ記している。

四三〇年、倭国王が遣使して方物を献じたとだけ記している。

四三八年、讃の死を弟の「珍」が伝えてきた。また、珍を、使持節《しじせつ》・都督《ととく》倭百済新羅任那秦韓《しんかん》慕韓《ぼかん》六国諸軍事に任じられたい旨を要求した。宋は珍に対しては讃と同じ安東将軍、倭国王しか認めなかったが、珍の麾下の豪族たち一三人には安東将軍と同等あるいはそれ以下の位の将軍号を認めた。

四四三年、「倭済」が遣使した。珍が死去したとは書かれていないが国王が交代したことになる。済が要求した官爵は記されていないが、珍と同じ安東将軍・倭国王に任じられた。

四五一年、済は再び宋に遣使する。済は倭国王として初めて使持節・都督倭新羅任那加羅秦韓慕韓六国諸軍事に任命された。また二三人の配下への将軍または郡太守の官爵を授かった。

珍が要求した六国と比較すると、百済が除外され、加羅が追加されている。

百済が認められなかったのはすでに百済に都督百済諸軍事が授けられていたからである。加羅の追加は倭国が任那を加羅全域としていたのに対し、任那を金官国としその他を加羅としたと考えられる。このように任那・加羅・加耶はさまざまな使い方がされている。

四六〇年、済は遣使したが内容は記されていない。

四六二年、済が死去したと伝え、倭王の世子である「興」が遣使した。世子は後継ぎという意味であり、まだ即位していないことを示すが、なぜ即位していなかったかは不明である。興は「倭王世子」と名乗ったが宋は安東将軍・倭国王の爵号を授けた。王位を継ぐことを認めるという意味であったろうか。

四七七年、倭国が遣使したとだけ記す。

四七八年、遣使は「武」の長い上表文を届けている。

その一部を要約すると、

――祖先は、東の五五カ国、西の六六カ国、海を越えて北の（半島の）九五カ国を服属させた。宋には代々朝貢している。百済を経由して朝貢しようとしているが高句麗が妨げとなっているので攻撃しようとしたが父兄が急に亡くなり成し遂げていない。皇帝の思徳で高句麗を倒せれば幸いである。

さらに武と配下の豪族の官爵に対する要請があったが、詳細は記されていない。武に対しては、使持節都督倭・新羅・任那・加羅・秦韓・慕韓六国諸軍事安東将軍倭王に除した。「倭国王」から「倭王」へ、「安東将軍」から「安東大将軍」へ昇格させている。当時、王は密接な周辺国、国王は遠隔地の通交が限られた国に授けられていた。四七九年、宋は滅んで斉となる。おそらく前年の宋書に記された件を記したのであろう。

五〇二年、斉は滅んで梁となる。これも前王朝が武と通交していたと考えて梁の元年のこととして書かれたものであろう。

五王について記された時期が、応神・仁徳・履中・反世・允恭・安康・雄略の間であることは確実であろう。これらの天皇をどの五王に比定するか永年にわたって議論されてきた。史書に示される続柄、一字名と天皇の諡《おくりな》の関係などから数多い説があるが定説は得られていない。ただ雄略天皇だけは在位の時期や、諡が大泊瀬幼武《おおはつせのわかたける》であることから「武」であることがやや定説化しているが、これにもたとえばタケル（タケ）を五世紀に武と書いていたかという疑問などがある。

倭の五王がどの天皇に該当するのかという問題は永年にわたって議論されて諸説あるが紹介することは省略する。

河内春人氏は、『倭の五王』（中公新書）で精緻な研究成果を述べているが、五王をどの天皇に比定するかについては「現時点で筆者にも確定とする案はない」と記している。

五王を天皇に否定できないのは、天皇系譜が当時の政治的変動や歴史書の編纂の繰り返しなどで乱れていたこともあろうが、そもそも五王が天皇であるかどうかが問題であろう。

武の上表文には「渡りて海北九十五国を平らぐ」というくだりがある。北側の海を渡った先に国があるのは九州であって畿内ではないという意見がある。

また珍が得た一三人、済が得た二三人の将軍などの官爵は配下の有力者に配分されたはずであるが、家伝などに記録されているということを聞かない。大和朝廷に属する豪族であればある程度記録されているはずである。

『日本書紀』は中国史書に記すような五王の遣使は記していないが、〝呉〟すなわち南朝との交流については六回記している―（「応神三七年遣使・仁徳五八年呉国朝貢・雄略六年呉国朝貢・雄略八年遣使・雄略一二年遣使・雄略一四年呉国朝貢」）。

『日本書紀』の西暦紀年は正確ではないが、おおむね五王の時期である。

三一七年から五八九年の東晋・宋・斉・梁・陳の南朝のなかで宋代は四二〇年から四七九年であり、五王は四二一年から四七八年にかけて宋に遣使している。『日本書紀』の「呉」は宋である。

応神三七年の遣使は縫工女《きぬぬいめ》（縫物の技能者か）を求めたもので、王は四人の工女を遣わした。

雄略一四年の呉の朝貢では織物・縫物の工女などを使者が率いてきた。それ以外の朝貢と遣使については目的などを記していない。

天皇が外国に遣使朝貢するなどということは書けなかったが、中国の史書に記されたので、九州の倭国を介してもたらされた人材や文物を〝宋からの朝貢〟として記したもので、新羅や百済の朝貢と同様だったのであろう。

倭の五王は大和朝廷の天皇ではなく北九州の倭国、すなわち筑紫王国の王であるとする説があり、本書はさらに讃が半島の倭王である可能性も検討する。

五王の遣使の目的は朝鮮半島の諸国に対する立場を有利にし、できれば加耶が倭国を再興するなど、半島への進出を可能にし、また自国内の配下にも官爵を与えて体制を強化することであったと考えられる。それは北九州の倭国にとっては切実な問題であったが大和朝廷にとってはそうでなかった。

半島と列島の交易・交流に関して筑紫王国は他の地域王国との競合もあり、応神を大和へ送りこんだあとの支援も含め、半島との関係を一層強化する必要があった。

武の上表文にあるように、宋への経路は百済を経て海を越え、山東半島から南下するのだが、百済を含む六国諸軍事の官爵を要求しているのに百済を経由したのも不思議である。南加耶から栄山江流域の海岸をまわって百済へ達する海路は五世紀の初めに成立したようであるが、三節で記したように海路の確保に北九州の豪族が係わっていたことが考古史料から知られている。海運は百済でなく加耶が担っていたであろうから、倭種同士の筑紫王国は加耶の協力を得て遣使したのであろう。

あらためて五王の遣使の記録を見ると、讃と珍以後とでは遣使の目的が大きく異なっている、讃は官爵を求めていないが「倭国王」の称号を授けられたようである。珍は使持節・都督倭百済新羅任那秦韓慕韓六国諸軍事という六国に及ぶ官爵を求めたが、安東将軍・倭国王という讃なみの称号を授けられただけであった。済の二度目の遣使ではじめて珍の要求から百済を除いた形で認められた。四二五年は讃の遣使で四三〇年は国王名が不明、四三八年は珍である。『三国史記』に記される半島の倭国は四二八年まで存在していたのであるから、讃は半島の倭王で珍は列島の倭王である可能性が大きい。

讃は半島の倭王であったから任那を含む六国諸軍事などの官爵を要求することはなかったが、珍は列島の倭王であったから半島の官爵を得て失地回復を図る足がかりにしたかったのではないか。

このように宋への遣使朝貢について、五王の比定、その目的、そのための経路の確保、その成果などについて考察すると、五王が応神朝の天皇であるとするより、そのころ半島・大陸の人材・文物の導入に熱心であった諸地域王国の雄であり、また半島の倭種の復権を望む九州の倭国すなわち筑紫王国の王と考える方が適切であろう。また讃が半島の倭王であるかについても可能性は大きい。

ところで宋は当時の日本列島の権力構造をどう理解していたであろうか。次章で示すように、奴国・邪馬台国の延長である倭国と畿内で列島の雄に成長した大和朝廷の関係を中国人が理解したのは唐の時代であり、隋の時代はまだ十分に理解していなかったようであるから南朝の宋も大和朝廷についての認識が不足していたはずである。

五　半島と列島の交流・交易

半島と列島の交流・交易

『日本書紀』は半島の諸国を大和王権に朝貢する国として記しており、朝貢と、朝貢を怠る新羅について多数の記事がある。しかし、『三国史記』には四・五世紀の列島の倭国あるいは大和王権についての記載はない。『三国史記』は国交の開始や断絶については几帳面に記しているが、列島に対してはそれが全くない。

しかし、実際には双方の遺跡などから多数の文物が互いに移出・移入されていたことは明らかであり、なかには王朝間で取り交わす威信財もあることから、王朝の間に交流があったと一般に考えられている。

交流の実体は、加耶諸国などと列島各地の地域王国との関係であり、それらを介して王朝間の交流が存在していた。応神王朝のもとへ新羅から水利技術者や医師が来日したことが記されており、こうした人を通じて互いに相手国の状況はかなり知っていたであろうが、国交を結ぶ必要は半島側になく、大和側は朝貢国の行為として『日本書紀』に記した。

四世紀

三世紀に続き、金官加耶がさらに成長し、沖の島ルートが整備され、列島側は北九州以外の地域王国も活躍するようになり、大和王権は北九州への依存度を下げるが北九州が衰退したわけではない。

五世紀前半

半島の倭国の消滅と関係あるのであろうか、金官加耶と列島との関係は衰退し、かわって新羅が、洛東江下流域の東萊《トンネ》（釜山）を介して列島との交流を強める。東萊は加耶地域であったかどうか定かでないが、新羅に統合されていない小国であった。

これによって、四世紀まで金官加耶から移入された鉄素材である鉄鋌が形態と規格が異なる新羅産の鉄鋌に代わる。

五世紀後半

五世紀後半、大加耶の文物が新羅の代わりに列島に移入されるようになり、交易を主導し、また加耶においてもその中心国に成長する。内陸の大加耶は小加耶との連係を得て、南海岸での交易路を確保したのであろう。

東日本に大加耶の文物が大加耶から移入するのが目立ち、これは北陸地方を経由し、中部地域を通じて東日本に流入したと見られる。

五世紀後半においても百済から直接列島にもたらされる文物は少なく、大加耶経由が多かったようである。

Ⅵ 六世紀

一　五世紀末から六世紀初頭

半島の諸国

大加耶は五世紀後半、列島との交易の中心的存在であり、また北陸地方を介しての交流が盛んであった。交易港は蟾津江《ソムジンガン》の河口の帯沙《たさ》であった。大加耶は加耶諸国の中心的存在になっていた。四七九年には南斉に遣使し、王は輔国将軍の冊封を得る。

四七五年高句麗に大敗し、都を熊津に移した百済は立ち直り、新羅との友好関係が進み、四九五年には侵攻してきた高句麗を新羅と協力して退ける。

新羅は倭兵の来襲が五〇〇年を最後に絶え、加耶・百済との関係も良く、百済・加耶・新羅は激動の六世紀を前にした小康状態にあった。

継体王朝の出現

応神王朝は五世紀後半に吉備王国を三回にわたって制圧し、吉備王国は衰退した。いわゆる〝吉備の反乱〟である。反乱の内容は省くが、朝廷側に地域王国の力を弱めようとする意図は感じられない。しかし、結果としてそれは次の継体王朝が筑紫王国を制圧して、自ら半島で活動を始める動きの第一歩であった。

『日本書紀』によれば五〇七年に即位した継体は、応神天皇五世の孫と称しているが、新王朝をつくった越前の豪族であろうというのが通説である。継体に関しては多くの謎があるが、朝鮮半島経営についてはそれ以前に比べてはるかに史実がたしかである。それは大和朝廷が、それ以前と異なり、半島経営に直接かかわるようになったからであろう。

継体は河内で即位し継体五年に山背《やましろ》（京都府）の筒城《つつき》、一二年に山背の弟国《おとくに》、二〇年に大和の磐余玉穂宮《いわれのたまほのみや》に遷した。二〇年も大和に入れなかったのは大和の旧勢力と確執があったことを推定させるが、『日本書紀』はそれには触れずに主として大加耶と百済の抗争との係わりを記す。

鉄について

継体王朝は百済との交流を積極的に進めるが、それは鉄の入手の問題が関係している。

弥生文化が必要とした鉄は半島の加耶あるいは新羅から移入され、それを九州の倭国が大和王権に十分に供給したことが大和王権を他の地域王国に対して優位にたたせたとする見方がある。加耶・新羅は欠かせない供給源であった。

鉄は六世紀頃から国産で賄われるようになる。百済との交流を積極的に進める時、鉄の問題もそれを容易にする一因だったと思われる。

二　大加耶と百済の抗争

『日本書紀』によれば大加耶と百済は、蟾津江《ソムジンガン》流域と、その東方の栄山江《ヨンサンガン》流域、要するに朝鮮半島の南西部をめぐって六世紀前葉に抗争する。

継体六年（五一二）百済は大和朝廷に任那《みまな》四県の割譲を求め、朝廷は百済に賜与したとする。任那四県の位置は諸説あり、栄山江流域あるいは蟾津江の西側などが想定されているが、百済・大加耶のいずれにも明確に支配されていなかった地域であり、もちろん大和朝廷が領有していたわけではないが、蟾津江流域で争う以前に百済が南下して支配したことを示しているのであろう。

継体七年以後は蟾津江上流域の己汶《こもん》と河口の帯沙について、百済が大和朝廷に下賜することを求め、この地域を利用していた大加耶が反対し、大和朝廷は百済に肩入れするという三者関係で六世紀前葉に抗争が続くと『日本書紀』は記す。結局は百済が進出することになり、大加耶は小加耶圏域の諸地域と連係して洛東江支流の南江から南下して固城《こそん》湾あるいは泗川《しせん》湾の港を確保することになる。

しかし大和朝廷の関与については問題がある。後述するように大和朝廷が筑紫の磐《いわ》井《い》を殺して九州の倭国を制圧するのは継体二二年であり、それ以前は半島の諸国とは次節にも記すように九州の倭国が対応していたと考えられる。もともと大和朝廷が領有していないのであるから、要するに百済が進出したと見られる。その後も百済は加耶に進駐するなど東方に勢力を伸ばし、六世紀中葉には東進してきた新羅と激突して敗れる。

三　倭系古墳

栄山江流域の前方後円墳

栄山江流域は五世紀中は在地の豪族を介して百済が間接的に支配しており、六世紀には百済に属していたと考えられる。

その栄山江流域で、それまで日本列島のみに分布する墓制と考えられてきた前方後円墳が一九八〇年代以降十数基発見されており、五世紀後葉から六世紀中葉にかけて築造されたと見られる。

これらが列島の前方後円墳と同じ形式であり、またその墓制や副葬品などから、有明海周辺を含む北部九州各地の豪族がかかわっていたことが確かである。また、百済の威信財が副葬されていることから、百済王権とも一定の関係を有していたと考えられる。

しかし被葬者については、現地の首長であるという説と列島出身の倭人であるという説にわかれる。またその経緯についても諸説ある。いずれにしてもその背景は、百済・大加耶・現地勢力の三者の駆け引きであり、列島の倭人が単独で進出したはずはない。たとえば現地勢力には、百済・大加耶に対して列島の倭人との連帯を示して勢力の維持を計る意図があったかも知れない。百済にとっては栄山江流域の制圧と大加耶の進出の抑止が課題であり、倭人の協力を求めたのかも知れない。

百済が五三八年に泗沘《しび》へ都を遷し、栄山江流域を支配するようになり、また大加耶との抗争も一段落した六世紀中葉には前方後円墳の築造は終わっている。

大加耶に関連する円墳

前節で述べたように、六世紀に入ると百済の進出によって大加耶は蟾津江河口の使用が困難になり、南江から南下して固城湾あるいは泗川湾に至る経路を利用するようになるのだが、そのルートに巨済島などの沿岸を含めた数カ所で倭系円墳が六世紀前葉に出現する。

大加耶圏域とはかぎらず小加耶圏域も含むが、副葬品などから大加耶と関連する列島の倭人が被葬されていると推定されている。大加耶は小加耶圏域の小国とも連係していた。

倭人は北九州に出自をもつ豪族勢力と見られ、列島の倭種とつながりのある小加耶国の勢力を介して大加耶王権に加わり、百済との抗争や列島・新羅との交流に係わっていたのであろう。

倭系古墳は何を示すか

Ⅴ章三節では五世紀前半の半島南岸西部の円墳について述べたが、六世紀の倭系古墳とあわせて考えてみる。

三地域の倭系古墳についての知見はもっぱら考古史料から得られたもので、文献史料はないようである。倭系古墳は五世紀から六世紀にかけて列島の倭種である筑紫の武人が半島に進出していたことを示している。

『日本書紀』は磐井の乱以前の四・五・六世紀における大和王権の半島への武力進出を多数記しているが、倭系古墳まで残したこれらの経緯について全く記していない。『日本書紀』は半島に係わる列島の経営が専ら半島諸国を朝貢国とする大和王権によってなされていたという建前で記されており、九州の倭国の存在と活動を記していないが、この件に関しては大和朝廷の差配によると説明できなかったのであろう。

またいわゆる〝磐井の乱〟も、こうした九州の倭国の活発な対外活動が大和朝廷にとって許せないとする抗争であったのではなかろうか。九州の倭国は百済との関係を深め、文物の移入も顕著に増加していた。

四　磐井の乱

継体が大和の磐余《いわれ》に遷した継体二〇年（五二六）の翌年である二一年（五二七）に、朝廷は近江の毛野臣《けなのおみ》に兵六万を率いさせ半島に向かわせた。目的は金官加耶などが新羅に侵略されたのを回復するためであると『日本書紀』は記す。

ところが筑紫の国造《くにのみやつこ》である磐井《いわい》が、磐井に反逆の心があることを知っていた新羅から賄賂を受けてそれを妨害した。毛野臣は前進できなかったので、継体は物部大連《もののべのおおむらじ》麁鹿火《あらかい》に磐井を討たせ、二二年に麁鹿火は磐井を斬り鎮圧した。毛野臣は二三年（五二九）に改めて半島に派遣されたと記す。

これを朝廷に対する国造という地方官の反乱と捉えることはできない。本来は加耶救援を磐井に指図しても当然であり、まして毛野臣の軍勢への支援体制も合意なしに派遣するとは考えられない。また、『三国史記』新羅本紀によれば、金官国王が新羅に降服するのは五三二年であり、侵略されたので五二七年に派兵するという『日本書紀』の記述とは一致しない。

　筑紫王国は、大加耶や百済に倭系古墳を多数残した九州の倭を率いる強い勢力であった。半島進出を志す継体王朝は五二六年に大和に遷して体制を確立した段階で、前王朝が制圧した吉備王国についで筑紫王国の制圧に乗り出したと考えられる。

　こうして九州の倭種は地域勢力としての主体性を失うわけであるが、長年にわたる半島の窓口としての役割、また倭種の絆によっての遺産は大和朝廷にとっては貴重なものであり、九州の倭種はそれを生かしながら日本民族に吸収されていったであろう。

五　新羅の侵攻と百済との対峙

新羅の加耶南部侵攻

新羅本紀によれば、五二四年に王は巡幸して南部国境地帯の勢力を拡大したという。

この頃から新羅は、大加耶とは連係しながら南部加耶への進出を志したようである。その結果、五三二年には金官加耶は王と王族が新羅へ投降するという形で滅亡し、新羅はさらに他の小国を攻略する。

五二九年に半島に派遣された毛野臣は安羅加耶で活動し、新羅・百済の王を召集したが王は来ない。その後も毛野臣は何らの実績もなく現地の評判も悪く、二年弱で本国に戻り、対馬で病死したという。

こうして列島にとって同盟国に近かった金官加耶が滅亡するが、大和朝廷はなにもできなかった。新羅は金官加耶の王と王族を礼をもって待遇し、上等の位を授けた。この措置は他の加耶諸国とのその後の関係にも関係したであろう。

百済と新羅の対峙

金官加耶に新羅が進出したあと、安羅加耶が百済と新羅の接点となるが、その頃の状況を見ると安羅加耶は百済を頼り、五三一年頃から百済は安羅に軍を進駐させていたようである。

百済は熊津からやや南の泗沘《しひ》に五三八年遷都し、地方支配を強化し、蟾津江を越えて安羅に至るルートに、あたかも自国領のように武将を配置して新羅と対峙する。安羅加耶にとっては百済・新羅どちらつかずの対応をすることになる。

六　加耶の滅亡

任那復興会議

『三国史記』には記されていないのだが、『日本書紀』によると、欽明二年（五四一）と欽明四年（五四四）の二回、百済の聖明王（聖王）は加耶諸国の王と官人を都に集める会議を開いた。

すでに新羅に滅ぼされた金官加耶と二国を復権し、これ以上に新羅が進出することを防ぐための会議であり、〝任那復興会議〟と通称されている。会議は実際にあったと考えられるが、『日本書紀』の記事であるから、召集は大和の天皇の令であると称したり、大加耶・安羅加耶その他六国の加耶に加えて任那日本府の臣が出席するなど、会議の実体が記されているとは思えないので説明は省略するが、要するに現地の情勢を動かすことはできなかった。

この記事で初めて「任那日本府」という用語が登場する。倭国にかわる日本という名称が登場するのは七世紀末期である。かつての通説では、古代日本は四世紀以来六世紀に至るまで、半島に任那と称する直轄領官地を支配・経営しており、そのための統治機関が現地にあったはずで、それを任那日本府と記したというのであるが、現在それを信ずる人はほとんどいないであろう。

六世紀中葉の半島での抗争

五四六年以後、大和朝廷による百済への武器提供・武力援助がはじまり、また五五六年まで、日本も加わった三国の抗争が連続する。

五四六年、百済の使者が帰国する際、良馬七〇匹と船一〇隻を授ける。

五四八年、高句麗の安原王《あんげん》が百済の都に迫った。新羅は百済に援軍を送り、大和朝廷は城造りに人を派遣し、協力して高句麗を撃退した。

五五一年には逆に高句麗から新羅は漢江北部流域、百済は南部流域を略取することに成功したが、新羅は一転して百済の征服地をも領土にしてしまった。百済は独力で新羅に対抗できず、大和朝廷に出兵を請うことになる。

この時期については『日本書紀』の記述と『三国史記』の記述がかなり一致しているが、五五四年から五五六年にかけて『日本書紀』はかなりくわしく日本側の軍事行動を記している。

五五四年には一〇〇〇人の兵、一〇〇疋の馬、四〇隻の船が海を渡り、五五六年には阿部臣《あべのおみ》・佐伯連《さえきのむらじ》・播磨直《はりまのあたい》らを派遣し、筑紫国の水軍を率いさせ、別に筑紫の火君《ひのきみ》が一千の勇士を率いて海を渡る。九州の軍が主体であった。

百済の聖明王はみずから軍の先頭に立って戦ったが、五五五年に戦死する（百済本紀では五五四年）。

このあと威徳王の時代の五五七年から五九七年は百済の対日外交はきわめて消極的

であり、逆に五六〇年頃から新羅と大和朝廷との交流は活発になる。

加耶の滅亡

『三国史記』新羅本紀は次のように記す。

「五六二年九月、加耶が反乱を起こした。王は異斯夫《いしふ》に命じてこれを討伐させ、斯多含《したがん》を副将とした。斯多含は五千騎を率いて先鋒隊となり、（加耶城の）梅檀《センダン》門に押し入り白旗を立てた。城中では恐れおののいて、施すすべを知らず、異斯夫が軍隊を率いてやってくると、一度にすべて降服してきた。……」

『日本書紀』は次のように記す。

「欽明二三年（五六二）春一月、新羅は任那の官家《みやけ》を打ち滅ぼした。ある本には、二一年に任那は滅んだとある。総括して任那というが、加羅国《からのくに》・安羅国《あらのくに》・斯二岐国《しにきのくに》・多羅国《たらのくに》・率麻国《そつまのくに》・古嵯国《こさのくに》・子他国《したのくに》・散半下国《さんはんげのくに》・乞飡国《こつさんのくに》・稔礼国《にむれのくに》、合わせて十国である」

ここでの加羅国は大加耶であり、この時期の加耶の代表である。加耶は全滅したようである。

百済本紀には加耶の滅亡は記されていない。

『日本書紀』は加耶が任那と呼ぶ大和朝廷の官家であるという建て前であるから、これで終わることはできない。七月には朝廷は大将軍紀男麻呂宿禰《きのおまろのすくね》を派遣して問責しようとする。新羅はわざと敗北を重ねるが紀男麻呂は軽率な行動を戒める。しかし副将の河辺臣瓊缶《かわべのおみにえ》が前進して新羅の策にはまり大敗したと記す。

しかし、なぜかこの頃から新羅と大和朝廷との交流は活発になる。『日本書紀』が記す半島諸国と大和王権の関係が実態通りでないことがここでも示されている。

列島の倭種に続き、半島の倭種もこうして地域勢力としては姿を消す。しかし長年にわたる倭種の絆と経験から、その後の両岸の交流・交易において倭人は重要な役割を果たした上で、韓民族・日本民族に溶け込んでいった。

VII 倭国と日本国

一　日本列島は七世紀まで倭国だった

本書では九州の倭国と大和王権を混同しないように、列島内の状況を記述する場合に大和王権に対して「倭国」は用いなかった。しかし、中国や半島諸国の史書は七世紀末まで「倭国」を列島の総称として記している。また大和王権も自ら倭国と称したことがあったようである。

『日本書紀』は、半島の倭国と九州の倭国を大和王権と区別せずに記すことによって、後述するように大和王権が四世紀にはすでに列島の大半を統治していたとする史観をつくりあげた。百済が滅亡したあと大和朝廷は国名を日本にすると中国に伝え、中国はとまどう。

その経緯を見ることにする。

『三国史記』百済本紀は四二八年、新羅本紀は四一八年に半島の倭国について記したあと長期にわたって「倭国」を記さない。

百済本紀は、六〇八年に隋に派遣された小野妹子が隋の裴清《はいせい》を伴って帰国する際、「裴清が、使者として倭国にゆくのにわが国の南路を通った」と記している。この倭国は百済本紀が記すはじめての大和朝廷である。このあと「六五三年、王は倭国と国交を結んだ」と記すが『日本書紀』はそれを記さない。百済は六六〇年に滅び、日本国は百済本紀に登場しない。

新羅本紀は、すでに百済を滅ぼしたあと、六六五年、唐の勅使が「新羅・百済・耽《たん》羅《ら》・倭人の使者をひきつれて会盟し、それぞれ宿怨を捨て和親を結ぶことを盟約した」と記す。

百済・新羅は半島との交流が密であった九州の倭国と大和朝廷の違いはかなり早くから理解していたと考えられるが、六世紀以前は、半島と列島の交流は半島の小国と列島の地域王国の間の交流であったため、『三国史記』に大和朝廷が倭国として登場するのは七世紀であった。『三国史記』の五世紀の倭国は半島の倭国である。

中国は六世紀に至っても、東夷伝の記す倭国のイメージが継続していたことが六〇〇年の『隋書』の記述からも明らかで、倭国についてもっぱら九州の自然・風俗を記している。六〇八年の使節の入朝の記述も『日本書紀』の記述に比べてきわめて簡単で、本当に大和の風物に接したのか疑問を感じるほどである。気候は温暖で、草木は冬でも枯れない、男も女も身体に入れ墨をしたりする、潜水で魚を捕る、阿蘇山が突然噴火する、などと記している。

二　日本国に改名

白村江で大和朝廷が唐に敗れたあと、六六四年から両国は互いに使節を派遣していたが、七〇三年の遣唐使が、日本国に改名したと伝え、その後は日本国と呼ばれるようになった。

唐の正史は九世紀以後の撰の『旧唐書』と、一〇世紀以後の撰の『新唐書』があり、それぞれ倭国伝を記しているが、「倭国」と「日本国」の関係を理解するのに苦労している。

『旧唐書』の方が正しい認識を示している。

「日本国は倭国の別種族である。国が太陽の昇る方向にあるので日本という名にした。

倭国という名が雅美でないことをいやがって日本と改めた、とも言われるし、日本は古くは小国であったがその後倭国の地を併合した、とも言われる。

日本人は国土が大きいと自慢するが、信用できる事実を挙げないので疑わしい。

その国界《くにざかい》は東西・南北それぞれ数千里、西界と南界は大海に接し、東界と北界には大きな山があって境界をつくっていて、山の向こう側には毛ぶかい人の住む国がある、とも言う」

大和王権の出自が倭種であることは記さないが、日本人は倭種ではないこと、大和王権は小国だったが九州を制圧して大和朝廷となっていることを認識しているし、列島の全体についてもかなり理解している。

『新唐書』は冒頭に記す。

「日本は古の倭の奴国である。……

初代の国王は天御中主《あめのみなかぬし》と号し、国王は「尊《みこと》」と呼ばれ筑紫城に住んでいた。三十三代目の神武から「天皇」と呼ぶようになり、都を大和州に遷した」

このあと神武から皇極までの天皇の名前を列挙する。国名については次のように記す。

「六七〇年に唐に使者を遣わした後、日本人はしだいに中国語に習熟し、倭という名をきらって日本と改名した。使者は（この使者は七〇三年の使者であろう）わが国は太陽の出る所に近いから、その国名にしたと言う。

また、日本は小国だったので倭に併合され、そして倭が日本という国名を奪ったのだ、という説もある。使者が真相を語らないので、この国名の由来は疑わしい。また使者はいいかげんなほらを吹き、日本は数千里四方もあり、南と西は海に接し、東と北は山に限られ、山の向こうは毛人の住む地だ、などといっている」

当初は大和王権が倭国で、九州の勢力が日本であったが、大和が日本の名を奪ったという説を紹介しているのが傑作であるが、九州の勢力と大和の勢力が拮抗していたという点では本書の主張と一致している。また『新唐書』を撰する頃には、神武天皇にはじまる史観が中国に伝わっていたこともわかる。

なお、『三国史記』新羅本紀には、六七〇年に倭国が国号を日本と改めたと記し、その後は日本を用いている。これは『唐書』にもとづいて記すときに、六七〇年と七〇三年の使者の派遣を取り違えたものと考える。

三　倭種と日本民族

Ⅱ章からⅥ章まで倭種の歴史を述べたが、あらためて倭種が日本民族の形成にどう係わったかという観点から重ねて記してみる。

Ⅰ章六節で述べたように、大和言葉は縄文時代の言語と異なる倭種の言語の構文規則と発音にもとづいており、大和民族の成立に倭種が深くかかわっていたことが明らかである。また、天皇のシンボルである剣・鏡・玉の三種の神器は弥生時代の北九州の族長の墓の副葬品のセットであり、大和王権とのつながりも明らかである。

地域王国のひとつである大和王国が成立するのは三・四世紀であり、三世紀は大和王国というよりヤマト国と呼ぶ方が良いという意見もある。また崇神王朝は三世紀、神功皇后はその実在が疑わしいがその時代としては四世紀が有力であり、東夷伝は三世紀の邪馬台国について記述している。

ヤマト国の成立には諸説ある。崇神天皇の名前が御真木入日子《みまきいりひこ》であることから、これは〝任那《みまな》の王〟が騎馬民族を率いて列島進出した征服王朝であるという説もある。また大和盆地とその周辺の小国が争った結果で成立したとする説もある。

本書では、言語・三種の神器に加え、大和盆地のなかで、唐古・鍵遺跡の地にあった銅鐸を奉ずる勢力にかわって纒向《まきむく》を中心とする勢力が台頭し銅鐸を廃棄したとする考古学の知見などから、ヤマト国は北九州から進出してきた倭種の勢力であったと見る。

邪馬台国が東遷したとする説もあるが、その後の北九州の倭国を大和朝廷が『日本書紀』に記させないためであって、倭国が東遷する必要があるはずもなく、地域王国である筑紫王国として六世紀まで勢力を維持していた。

神武東征の神話はその伝承であろうが、倭種の一派がなぜ東方の大和に進出したかは判然としない。しかしそれを可能にしたのは倭種が鉄の入手でほぼ独占状態だったことによると考えられる。鉄器を入手して戦力を高めた倭人が勢力拡大を志して東進したとしても、なぜ大和の地で勢力を築いたのであろうか。

この時期の鉄原料は北九州経由で列島に供給された。他の地域王国の入手が始まるのは四世紀に沖の島ルートが可能となった以後のようである。倭種が大和へ達するには、後に大和王国と友好的であった吉備王国を形成する勢力の地を経過しなければならない。おそらく鉄を供給することで吉備勢力は友好的だったのであろう。また瀬戸内海には後世の村上水軍のような海民勢力が吉備勢と併存して存在していた可能性が高い。倭種の基盤である環シナ海漁撈文化は瀬戸内海にも及んでいたので海人同士の交流もあり、こうした条件のもとで北九州の倭国とヤマト国の間で交流が可能であったことでヤマト国は勢力を強めたと考えられる。

四世紀、大和王国は筑紫王国との関係を保ちながら銅鐸文化圏であった地域を制圧したり友好関係を築いたりして勢力を拡大したり、前節に記したように三角縁神獣鏡を多数配布したりする。大和を本拠とすれば当然であるが、漁撈文化を基層とする倭種の文化は次第に薄められていく。海幸彦《うみさちひこ》より山幸彦《やまさちひこ》の方が優位になる。また四世紀には筑紫王国以外の地域王国も半島と大和との交流を仲介するようになったこともあり、大和王国は新たな文化を形成しはじめる。

五世紀、九州の倭国を出自とする応神朝のもとで、大和王国はさらに強大となる。半島の倭国の衰退に伴う人材の列島の倭国への流入などがあり、新羅の土木技術の導入などが大和王国を活性化させたことが考えられ、倭種文化というより半島の文化・人材の移入によるといえよう。大和朝廷はその後地域王国を制圧しながら列島統一の路を歩むが、半島の諸国と直接の国交をするのは六世紀からであり、中国とは七世紀からである。筑紫王国は半島加耶南部の倭種小国との絆を保ちつつ六世紀前葉まで半島に係わるが、日本海側の地域王国も半島との交流が進み、筑紫王国が主役ということではない。

四世紀から六世紀前葉までの半島と列島の関係が『日本書紀』にさまざま記されているが、それはもっぱら大和王権の差配であるように示されており、上記のような地域王国の実体は主として考古学史料から判断される。

『日本書紀』はすでに記したようにこの時期の半島の倭国と列島の倭国をすべからく大和王権のこととし、また半島諸国が朝貢国であり、百済は従順であるが、新羅は朝貢を怠り、大和王権の領地である加耶を侵す存在として描いている。これについては後述する百済三書が大いに関係している。

このように倭種は、帰化人とともに半島と列島の絆として、大和王権の成立にもかかわり、日本民族の形成に大きな役割を果たしたが、大和朝廷のもとで日本民族に同化した。

しかし倭種と帰化人は日本民族形成の主要な要素であっても、すべてではない。他の要素は何であったか。

倭種は銅剣銅鐸文化圏のなかで形成されたが、銅鐸文化圏という広大な地域もあり、また筑紫王国に匹敵する、吉備・出雲・越その他の数カ所の地域王国も当初は大和王国と共存していた。しかし東日本の蝦夷は別として、西日本には他に種族といえるような存在が見当たらない。これは今後も研究されるべき課題であろう。

Ⅷ 『日本書紀』について

一　倭種・倭国は記されていない

本書で記す半島・列島の倭種・倭国は『日本書紀』に記されていない。中国・半島の史書が倭を記しても『日本書紀』は記載しないか、あるいはそれを大和王権のこととして記している。

すでにそれはこれまでに述べているが、あらためて列挙してみる。

前一世紀の『漢書』地理書に記された倭人は、半島の倭人か列島の倭人かもわからないので『日本書紀』が記さないのも当然であるが、五七年の奴国の朝貢と、一〇七年の倭国王師升《すいしょう》の朝貢について、『日本書紀』の撰者は『後漢書』を読んでいるはずであるが記していない。『日本書紀』はその後も朝貢と見なされる遣使は原則として書かないし、「倭国」とみずから記すことを避ける。

だが、三世紀の『魏書』の倭人条は、本文でないが分注として引用する、しかし、干支二運ずらして卑弥呼に見立てた神功皇后が四世紀前葉に半島を征伐し諸国を朝貢国にしたとする神話的な著述のあと、四世紀中葉の攝政四六年から一転して百済が貴国《かしこきくに》（大和王権）との交流を求めて朝貢をはじめると具体的に記すのであるが、それに先立つ攝政三九年・四〇年・四三年に分注として引用する。

いずれも「魏志に云はく」ではじまり、三九年には「倭の女王の使者が帯方郡に行き、洛陽へ詣でたいと述べ、帯方郡の大守が都へ送りとどけた」と記し、四〇年には「魏が遣使して、印（親魏倭王の印であろう）と紫綬を倭国にとどけた」と記し、四三年には「倭王が遣使して献上品をとどけた」と記す。

正確に引用しているが一二〇年ずらしている。

四世紀中葉の攝政四六年以後は、百済が大和朝廷の使者を迎え、王が天皇に忠誠をつくすことを述べる件などをかなり具体的に記す。これは大和王権でなく、半島の倭国あるいは倭人系の小国と友好関係を結んだことを語っている。また百済が七支刀を倭王に贈ったと記し、それとおぼしき刀が石上神宮で発見されて唯一の物証とされているが、それは半島の倭国が消える時に、応神王朝に引き継がれたのであろう。また この頃、加耶を中心とする広大な領地を大和王権が取得したとも記すのであるが、そ れが後に失われていく過程の記事も含めて、事実とは考えられない。

四・五世紀には、新羅が朝貢を怠ったなどの理由でしばしば問責や出兵をするが、豪族の家伝などを調べても信憑性に欠け、一方で五世紀から六世紀にかけて半島各地に倭系古墳を残した北九州の豪族の進出については全く記述がない。

五世紀に呉国(南宋)と互いに遣使したことは記すが、倭の五王が官爵の授与を求めて遣使朝貢したことには全く触れていない。倭の五王を天皇に比定する先学の努力は報われておらず、五王は九州の倭王と考えられる。互いに遣使し、縫工女《きぬぬいめ》が来日したと記しているが、九州の倭国である筑紫王国を経由する交流であったと考える。

このように、四世紀から六世紀にかけて『日本書紀』の記述はそれ以前に比べてはるかに具体的で、細部にわたる半島との関係を記しているが、もっぱら大和王権が大陸・半島と交流している記述となっている。それには次に記述する百済三書という逸文が関係している。

百済三書は六世紀までの史料であるが、七世紀に至っても半島の史書と『日本書紀』の記述とは一致しない。

Ⅶ章一節で記したように百済本紀は六五三年に倭国と国交を結んだと記し、これは当時の状況から考えて事実であろうと考えられるが、『日本書紀』にはそれらしい記述は全くない。

『魏志』については引用しているのに、五世紀の『宋書』については全く無視しているのは何故であろうか。後述する百済三書を活用して記述された四・五・六世紀の半島経営は、四世紀はじめに大和朝廷が半島に進出し諸国を朝貢国とし、あまつさえ広大な領地まで確保したことを前提に描かれており、中国に対しては遣使、朝貢する立場であったが半島に対しては優位であったとするために神功皇后を登場させたのであろうか。

五世紀についてはさすがにその手法は用いることができなかった。

さらに補足すると、『日本書紀』の最初の海外諸国との記事は崇神六五年である。「筑紫の北の海を隔てた新羅の西南にある任那（金官加耶であろう）から遣使朝貢があった」

神功皇后の半島進出を予感させる。

二　百済三書

『日本書紀』と百済三書

『日本書紀』は六九年に及ぶ神功皇后攝政期の中期・四世紀の中葉と思われる頃から半島経営に関して、それ以前の神話的内容から具体的で細部にわたる内容に変わる。それは百済三書という逸文を参考にしたためといわれる。

百済三書とは、『百済記』・『百済新撰』・『百済本記』の三書のことで、『日本書紀』は分注として二五ヵ所で引用しているが、本文そのものの内容としても広く採用され、四世紀中葉から六世紀中葉にかけての半島に係わる記事の骨格となっていると思われる。しかし、三書そのものは残されていないので、そのまま採用しているのか、撰者の志向にあわせて加工しているかはわからない。

百済三書を引用した分注は、大半が本文に示された人物の説明や、人名などが半島側と大和で異なる場合の照合であるが、政変や戦争については本文は日本側の見解を示し、分注は事実だけを記したりする。たとえば欽明一七年では本文に記された筑紫の火《ほの》君《きみ》について、

「百記本記に云はく、筑紫君《つくしのきみ》の児、火中君《ほのなかのきみ》の弟なりという」

雄略二〇年には、百済が高句麗に大敗したとき、本文は

『日本書紀』の百済三書引用件数

引用年号	百済記	百済新撰	百済本記
神功47年(367)	1		
〃 62年(382)	1		
応神8年(397)	1		
〃 25年(414)	1		
雄略2年(458)		1	
〃 5年(461)		1	
〃 20年(476)	1		
武烈4年(502)		1	
継体3年(509)			1
〃 7年(513)			1
〃 9年(515)			1
〃 25年(531)			1
欽明2年(541)			1
〃 5年(544)			8
〃 6年(545)			1
〃 7年(546)			1
〃 11年(550)			1
〃 17年(556)			1

＊紀年は参考であるが、継体以後はほぼ正確と考えられる。

高句麗が、百済が日本の官家《みやけ》であることを配慮して、百済を滅ぼさなかったと述べ、分注で事実を簡潔に記している。

「百済記に云はく、高句麗の大軍は七日七夜にわたり漢城を攻め落城し、国王・后・王子が殺された」

また、数例であるが、簡潔な本文のあとに長文の分注を記している場合もあり、当然本文で記述すべき内容をなぜ分注で示したか理解しにくいものもある。

たとえば神功皇后六二年に、

「新羅が朝貢せず、沙至比跪《さちひこ》を遣わして新羅を討たせた」

という本文のあとに、「百済記に云はく」にはじまり、「沙至比跪が新羅の美女にたぶらかされ、加耶を討ち、加耶国王が百済に逃げ、天皇は怒り、兵を遣わして回復させ、沙至比跪は天皇が許されないことを知って自死した」という話を延々と記す。

応神八年には、「百済人が来朝した」という本文のあとに記す。（Ⅳ章二節参照）

「百済記に云はく、阿花王が立って貴国に無礼をした。それで……の四地を奪われた。このため王子直支《とき》を天朝に遣わして先王の好を修交した」

これなどは大和朝廷が領地を奪ったのであるから百済記の引用で記す理由が理解しがたい。

おそらく、継体王朝が半島経営に全面的に係わる以前の史料が少なく、『日本書紀』の撰者が百済三書に全面的に依存していたため、本文と分注の関係があいまいになっていたのではなかろうか。そうであれば、本文そのものにも百済三書そのものが採用されている可能性が高い。

また百済三書は全く失われているので、そのままで伝えているとは限らない。たとえば七支刀についても、百済記が半島の倭王に下賜したと記していても、それが大和の王に献上したと記すことは容易である。

しかし、六世紀以前の半島にかかわる史料が乏しかったとすれば、地名・人名・挿話などを潤沢に提供する百済三書は貴重な史料だったであろう。

継体二五年の引用文は分注というより、むしろ付記とでもいうべき異例の内容で、二五年二月に継体天皇が崩御されたという本文のあとに次のように記す。

「ある本によると、天皇は二八年に崩御としている。それをここに二五年崩御としたのは、百済本記によって記事を書いたのである。その文に言うのに、「二十五年二月進軍して安羅に至り、乞屯城《こつとく》を造った。この月高麗はその主、安を弑した。また聞くところによると、日本の天皇および皇太子・皇子皆死んでしまった」と。これによって言うと、辛亥の年は二十五年に当る。後世、調べ考える人が明らかにするだろう」

真相は現在でも明らかでないが、百済三書以外にも史料があったことはわかる。

百済三書の性格

三書を誰が書いたかは明らかでないが、百済王朝が提供者であるという説と、百済滅亡後日本に亡命した百済人であるとする説がある。前者であれば高句麗・新羅などの圧力を懸念する百済が、大和朝廷との友好的な過去の歴史を強調し、朝廷が百済を支援し、新羅を駆逐することが当然であると主張するためであろう。いずれにしても大和王権にとって迎合的な内容になるのは当然である。

百済記は近肖古《きんしょうこ》王代（三四六〜三七五）・近仇首《きんきゅうしゅ》王代（三七五〜三八四）を主たる内容

としている。百済本記は聖王代（五二三〜五五四）が主たる内容であり、いずれもその主張は大和朝廷の支援のもとに加耶地域と共存するかさらに支配し、新羅とは対抗することを志向する立場で撰述されていたと見られるが、百済本記は百済記よりある程度史実に忠実であったとする意見もある。

その例として、欽明二年（五四一）、百済の聖王は新羅に侵されつつある加耶諸国の王や貴族と、いわゆる任那復興会議を開いていたが、『日本書紀』は明らかに百済本記によると思われる聖王の発言を分注でなく本文として記している。

「昔、速古王（近肖古王）・貴首王（近仇首王）と任那諸国の国王らとがはじめて和親を結び兄弟の仲となった。それゆえ自分はお前達を子どもとも弟とも考え、お前達も我を父とも兄とも思い、天皇に仕えて強敵を防ぎ、国を守って今日に至った。わが先祖と当時の国王が和親を願った言葉を思いうかべるとそれは輝く日のようである。……………（かなりの長文）……………新羅の甘言を信じて偽りにのせられ、任那国を亡ぼし、天皇を辱《はずかし》めたてまつることのないように充分慎んで欺かれないように」

その時期の『日本書紀』はもっぱら百済と大和王権の友好関係を述べていて、百済と加耶の小国群とのこうした関係は示されていない。『日本書紀』が半島の倭国を大和王権にすりかえていることが図らずも示されている。

百済三書は四世紀中葉から六世紀中葉にかけての事象について、五世紀中葉から七世紀中葉にかけて記述したと見られる。『三国史記』は四世紀中葉頃からかなり正しく史実を伝えているといわれており、この頃から半島では正史的なものが残されていたのであろう。『三国史記』と『日本書紀』の記述が一致している例がかなりある。

しかし、両者の記述を比較すると、『日本書紀』から推察される三書の記述は明らかに百済と大和王権との関係を過大に記している。三書は単に大和王権に対して迎合的であるというよりも、六六〇年代の百済滅亡を前にして、百済がいかに忠実な朝貢国であり、それを擁護することが必要であると言いたかったのであろう。

百済三書の成果

半島と列島の倭種はすでに六世紀に地域勢力としては消滅しているが、七世紀末まで、日本列島は倭国と呼称されていた。

六六〇年から六六三年にかけて百済は滅亡するのだが、大和朝廷は水軍を派遣して百済を救おうとし、白村江《はくすきのえ》で大敗する。考古学の知見によれば、百済と大和が親密になるのは六世紀の継体王朝であって、文物の交易などから見ると五世紀前半は新羅、後半は大加耶が主であった。

派兵にあたって朝廷内部でどういう議論があったか不詳であるが、大和朝廷にとっては百済三書の主張は信ずべき内容だったであろう。六八二年頃から編修を始め、七二〇年に結実した『日本書紀』は、派兵したことを正当化するために三書の内容を史実として、あるいは多少の加工をして採用した。

そのため、六世紀まで海外と列島の関係において、重要というよりむしろ主役であった列島と半島の倭国・倭種を軽視せざるを得なかったのであろう。

しかし、倭という種族が、日本民族の形成にあたって、大和王権を介して大きな役割を果たしたことは、『日本書紀』の意図にかかわらず、本書で示した各種の視点から明らかである。

あとがき

まえがきで通説と異なる内容であると記したが、当初の予想以上に異なる内容であったのではなかろうか。

端的に示せば、〃七支刀は半島の倭王に対して百済が下賜したもの〃〃南宋に遣使朝貢したのは北九州の倭王〃の二点に集約されるであろう。

残念なことに、三世紀の『魏書』の記す列島の倭国に比して四・五・六世紀の倭国の実態について史料が乏しく、考古学の知見などから半島・列島内の大和王権・諸地域王国との関係を推量するに止まっていることである。

幸い、五世紀から六世紀にかけて百済・大加耶の勢力圏につくられた倭式古墳が、もっぱら北九州の筑紫王国の傘下と思われる豪族（小国といってもよかろう）にかかわるものであることから、四世紀以来半島に大和王権が進出していたとする通説が否定できると思われるが、さらに研究する要があろう。

さらに残念なことは、日本民族の形成にかかわった種族として〝倭という種族〟しか紹介できなかったことである。大和王国は出自が倭であっても、それを消化してはさらに広範な文化を形成した。倭以外の種族の存在も想定すべきである。銅鐸文化圏についてさらに研究するべきであろう。

この分野の素人である筆者の原稿で大変苦労された風媒社の方々と、史料の検索・入手に多大の協力をいただいた友人の山内純一氏には深く感謝しております。

［著者略歴］

品田 知章

1936年9月生まれ。

1959年4月　東京大学工学部卒業。

1999年6月　中部電力株式会社役員退任。

2004年3月　株式会社テクノ中部社長退任。

2006年3月　名古屋工業大学理事退任。

倭という種族

2024 年 11 月 21 日　第 1 刷発行　　（定価はカバーに表示してあります）

著　者　　品田　知章

発行者　　山口　　章

発行所　名古屋市中区大須 1-16-29　振替 00880-5-5616 電話 052-218-7808　http://www.fubaisha.com/　風媒社

＊印刷・製本／モリモト印刷　　乱丁本・落丁本はお取り替えいたします。

ISBN978-4-8331-5464-2